Jutta Küdde

Zu Fuß durch MÜNSTER

12 Spaziergänge

Zu Fuß durch MÜNSTER

Liebe Stadtverliebte,

eine Stadt oder Region kennenzulernen, war für mich immer schon damit verbunden, zu Fuß unterwegs zu sein, neue Wege zu erkunden und dabei Stimmungen und Eindrücke über den Ort zu sammeln. Einmal erlaufen, stellt sich bei mir eine erste Vertrautheit ein und mit der Zeit ein **Gefühl von Zu-Hause-Sein.**

So war das auch im Münsterland, wo ich fast 40 Jahre lebte und immer wieder Neues entdeckte. Vor meinem Umzug nach Süddeutschland 2024 wohnte ich die letzten 17 Jahre mittendrin im Herzen der Stadt. Seither komme ich regelmäßig zu Besuch nach Münster, um **Stadtflair, Kunst und Kultur** zu genießen. Denn diese schöne Stadt mit ihrem vielen Grün, der unglaublichen Dichte an historischen Bezügen, zuweilen mit Großstadtflair und doch wieder typisch westfälischer Provinzatmosphäre ist immer einen Besuch wert.

Ich freue mich, einige meiner Erkundungstouren in diesem Buch vorstellen zu können. An Ideen fehlte es mir nicht, doch wie lassen sich all die wunderschönen Ziele über einen bequemen Fußweg zu abwechslungsreichen Touren verbinden? Auf zwei der Klassiker, die Promenadenrunde auf dem beliebten grünen Ring um Münsters Zentrum und die Runde um den Aasee, habe ich zugunsten weniger bekannter Stadtviertel verzichtet. Herausgekommen sind zwölf ganz unterschiedliche Spaziergänge, welche die **Vielfalt der Stadt** vom Zentrum bis in die Vororte aufzeigen. Versteckte Schätze, Parks und Alleen, Kunst und immer wieder Gebäude mit vielfältigen Geschichten gilt es neu zu entdecken, auch für Münsteranerinnen und Münsteraner.

Viel Spaß beim Erkunden und Genießen wünscht

Jutta Küdde

1

Start: Bushaltestelle Handwerkskammer Bildungszentrum
Ziel: Bushaltestelle Nevinghoff
Länge: ca. 8,5 Kilometer
Dauer: ca. 3,5 Stunden
ÖPNV: Haltestelle Handwerkskammer Bildungszentrum; am Ziel: Haltestelle Nevinghoff
Parken: Parkplatz Mecklenbecker Straße, 48163 Münster

UNTERWEGS ENTDECKT

1. Haus Kump
2. Modersohnweg
3. Aasee
4. Westerholtsche Wiese
5. Johannesbrücke Bispinghof
6. Madonna an der Aa
7. Zwinger
8. Aarenaturierung Kanalstraße

ESSEN + TRINKEN

La Costanera, Bergstraße 19–20, 48143 Münster, Tel. (02 51) 28 77 96 67, la-costanera.de (internationale Küche mit peruanischen Spezialitäten, direkt am Aaseitenweg)
Beetschwester, Tibusplatz 6, 48143 Münster, Tel. (02 51) 98 11 73 55, beetschwester.de (Tagesbar mit vegetarisch-veganen, saisonalen Köstlichkeiten)

DIE MÜNSTERSCHE AA

Kleiner Bach ganz groß

Einmal quer durch Münster von Süden nach Norden, immer entlang der Münsterschen Aa ist eine gute Möglichkeit, die Stadt kennenzulernen. Dieser Spaziergang führt uns von der naturnah gestalteten Aa am südlichen Stadtrand durch die Freizeitanlagen entlang des Aasees und des dicht bebauten Stadtzentrums wieder hinaus an den nördlichen Stadtrand. Immer wieder ergeben sich ungewohnte Perspektiven auf bekannte und stadtbildprägende Gebäude. Wem dieser Spaziergang zu lang erscheint, kann ihn ganz einfach in zwei Abschnitten erwandern.

Wir fahren mit dem Stadtbus Richtung Mecklenbeck im Südwesten der Stadt. Von der Haltestelle Handwerkskammer Bildungszentrum an der **Mecklenbecker Straße** führt uns wenige Meter weiter stadtauswärts ein Abzweig nach rechts direkt zur Münsterschen Aa. Von der Brücke aus können wir einen ersten Blick auf den kleinen Bachlauf werfen. Nach umfangreichen Renaturierungsmaßnahmen hat sich in diesem Abschnitt eine naturnahe Fluss- und Auenlandschaft entwickelt. Bevor wir dem Wegeverlauf entlang der Aa folgen, sollten wir einen Abstecher zu **1 Haus Kump** machen, indem wir von der Brücke geradeaus der Allee folgen. Der alte Schultenhof wird seit 2013 als Designschule und Gestaltungskompetenzzentrum durch die Handwerkskammer Münster genutzt. Hier bilden sich Handwerkerinnen und Handwerker aller Sparten bei Workshops oder Fortbildungsstudiengängen weiter. Die Absolventen der Akademie für Gestaltung laden regelmäßig zu Ausstellungen ein, vielleicht haben wir Glück und sind gerade passend vor Ort.

Haus Kump

Modersohnweg

Im Hof fällt uns das aufwendig restaurierte **Speichergebäude** auf. Es stammt aus dem 16. Jahrhundert und ist das älteste bäuerliche Gebäude Münsters. Neben den drei sichtbaren Etagen verbergen sich im Dach weitere zwei Lagergeschosse. Durch die Ausbildung von zwei Auskragungen war der Speicher gut vor feindlicher Erstürmung geschützt und bot reichlich Platz für die Lagerung von Getreide und Saatgut.

Wir verlassen das Hofgelände wieder auf demselben Weg. Vor der Brücke über die Aa gehen wir links ab und folgen der Gräfte von Haus Kump. Am ersten Abzweig nach rechts biegen wir auf den weichen Weg aus Rindenmulch ein. Wir befinden uns auf dem 2 **Modersohnweg,** benannt nach dem bekannten Maler Otto Modersohn, der von 1874 bis 1889 in Münster lebte. Eines seiner bedeutenden Ölgemälde, „Sommerfreuden", zeigt das Aatal bei Haus Kump, es ist im Stadtmuseum Münster ausgestellt.

Der Weg führt uns entlang des renaturierten Auenbereichs der Münsterschen Aa Richtung 3 **Aasee,** dem von allen Münsteranern heiß geliebten Naherholungsgebiet. Die Münstersche Aa fließt mitten durch den See – oder andersherum: Die Aa ist zum See aufgestaut. Ursprünglich floss die Aa durch feuchte, sogar sumpfige Wiesen und überflutete bei Starkregen regelmäßig die angrenzenden Grundstücke. Zum Hochwasserschutz und zur Verschönerung der Stadt wurde 1914 mit dem Bau des Aasees begonnen. Wir stehen am Ende des zweiten Bauabschnittes, der 1976 abgeschlossen wurde. Die Seefläche wurde damals auf rund 40 Hektar Fläche verdoppelt. Ringsum entstand ein Freizeitbereich mit weiten Wiesenflächen und Spielplätzen, durch den wir jetzt schlendern werden. Dafür wählen wir den Weg links am See entlang. In der Ferne sehen wir den Kirchturm der Überwasserkirche mit seiner fehlenden Turmspitze. Davor ist die Torminbrücke über den Aasee zu erkennen, bis dorthin reichte der erste Bauabschnitt des Sees.

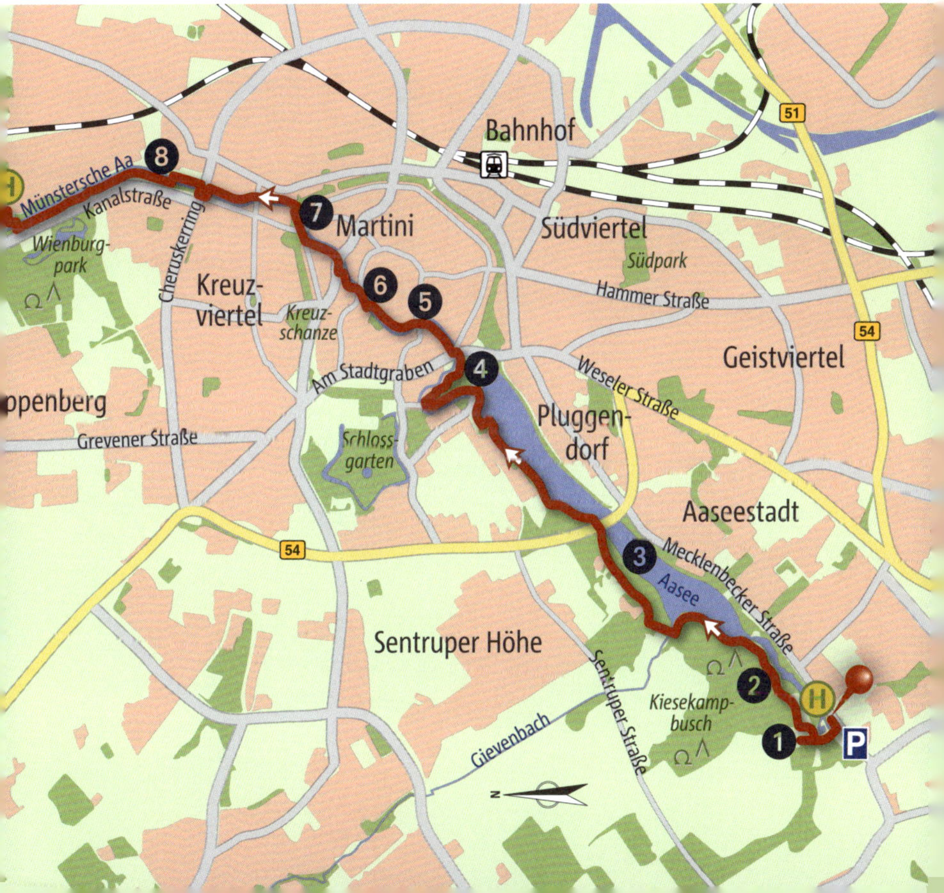

Wir überqueren zunächst eine deutlich kleinere Brücke. Der Aasee ist an dieser Stelle mit einer Art Seitenarm ausgebildet, der bis in das angrenzende Gelände des **Allwetterzoos Münster** hineinragt. Nach Querung der Brücke halten wir uns links, verlassen also den Uferweg. Erst an der nächsten Wegkreuzung biegen wir rechts ab und spazieren nun bequem auf der Höhe parallel zum See mit wunderschönem Ausblick über die Wasserfläche. Wir kommen am **Freilichtmuseum Mühlenhof** vorbei, gut auszumachen an der weit aufragenden historischen Bockwindmühle.

Bei einer Führung durch das Mühlenhofmuseum erfährt man Interessantes über das Leben in Münster und Umgebung der letzten 400 Jahre.

Schon nähern wir uns der großen **Torminbrücke,** die wir unterqueren wollen. Dazu folgen wir dem Weg geradeaus leicht abwärts zurück zum Seeufer.

Unter der Brücke ist eines von vielen in der Stadt erhaltenen Objekte der Kunstausstellung **Skulptur Projekte**

Aasee

Freilichtmuseum Mühlenhof

Münster zu bestaunen. Immer sonntags zur vollen Stunde, von 10 bis 18 Uhr, ist die zauberhafte Klanginstallation „The Lost Reflection“ der Künstlerin Susan Philipsz aus dem Jahr 2007 zu hören. Auch wenige Meter weiter links auf der Wiese finden wir eine Skulptur, hier eine Art Sendemast. Es lohnt sich, den Blick nach oben zu richten, am besten legen wir uns auf die Wiese direkt am Mast, dann können wir hoch oben die filigrane Schrift vor dem Himmel als Hintergrund gut lesen. Diese Arbeit von Ilya Kabakov aus dem Jahr 1997 ist eines der anmutigsten Objekte der Skulptur Projekte. Noch eine dritte Arbeit befindet sich direkt am See, wenige Schritte weiter. Der Pier von Jorge Pardo, ebenfalls aus dem Skulptur-Projekte-Jahr 1997, ist ein schöner Ort, um den Aasee von der Wasserfläche aus zu erleben. Nach inzwischen mehr als 25 Jahren ist der Pier für viele Münsteraner nicht mehr wegzudenken. Von

Blickst du hinauf und liest die Worte

Aaseekugeln

dort aus sehen wir eine weitere Skulptur, die heute zu Münster und zum Aasee ganz selbstverständlich dazugehört, die berühmten **Aaseekugeln.** Das war 1977 ganz anders, als die Giant Pool Balls von Claes Oldenburg im ersten Skulptur-Projekte-Jahr aufgestellt wurden. Damals herrschte großes Unverständnis in Münster. Es gibt sogar Berichte, dass die überdimensionalen Billardkugeln von empörten Menschen in den Aasee gerollt werden sollten. Das hat zum Glück nicht funktioniert.

Wir folgen dem Uferweg Richtung Kugeln und kommen zu den **Aaseeterrassen.** Von der Treppenanlage aus lässt sich das lebhafte Treiben an dem kleinen Hafenbecken mit Restaurants, Sonnenterrassen und Tretbootverleih gut beobachten. Vorbei an der Yachtschule Overschmidt überqueren wir eine weitere Brücke. Sie wurde nach dem

Aaseeterrassen

Westerholtsche Wiese

verheerenden Hochwasser in Münster im Jahr 2014 als Schwimmbrücke eingebaut und kann sich so dem Pegelstand des Sees und der Aa anpassen. Ja, wir sind erneut an der Münsterschen Aa angelangt, an dieser Brücke verlässt sie den Aasee und fließt wieder in ihrem eigenen Bachbett. Auch wir verlassen den See, biegen nach Überquerung der Brücke links ab und spazieren unter der **Adenauerallee.** Ein bequemer Weg führt uns direkt an der Aa entlang bis zur Promenade. Die Aa fließt an dieser Stelle unter der **Promenade** hindurch und in scharfem Bogen wieder zurück. In der Schleife des Bachlaufs wurde 2012 eine Fischtreppe in Betrieb genommen, um den Höhenunterschied an dieser Stelle für Fische und andere Lebewesen im Wasser durchgängig zu machen. Ein kurzer Abstecher in die gegenüberliegende Badestraße ermöglicht einen Blick von außen auf die Treppenanlage.

Der beliebte Promenadenflohmarkt findet vom Schloss bis zur Westerholtschen Wiese auf der schönen Lindenallee statt.

Unser Weg führt auf der Promenade weiter. Wir kehren also zurück und folgen der **Lindenallee** nach links leicht

Johannesbrücke

bergauf. Kurz vor dem Hallenbad steigen wir links die Treppenanlage hinab und treffen auf der Rückseite des Bades wieder auf die Münstersche Aa und die 4 **Westerholtsche Wiese.**

Diese weite Wiesenfläche erscheint uns tiefer gelegt, es ist jedoch die Wallanlage der Promenade, die in weitem Bogen um die Wiese herumführt und eine schützende Begrenzung darstellt. Links bilden Reste der alten Stadtmauer Münsters eine Abgrenzung zur dahinterliegenden Bebauung. Der Bachlauf wurde in diesem Abschnitt von seiner Betonsohle befreit und naturnah umgestaltet. Eine kunstvoll geschnittene Figurenhecke begrenzt den Mauergarten jenseits des Bachlaufes. Sie soll mehr als 100 Jahre alt sein und wird jährlich von Fachleuten in Form gebracht.

Wir folgen der Aa bis zur Straße **Am Stadtgraben.** An dieser Stelle ist es ratsam, nach rechts bis zur Fußgängerampel zu gehen, um die stark befahrene vierspurige Straße zu überqueren. Auf der gegenüberliegenden Straßenseite führt uns der ruhige innerstädtische **Aaseitenweg** immer entlang der Aa mitten durchs Zentrum von Münster, bis wir auf der anderen Seite wieder an der Promenade ankommen. Der Bachlauf verläuft in diesem Abschnitt überwiegend tief eingeschnitten in einem Betonbett. Durch die Enge der angrenzenden Bebauung ist eine Renaturierung fast unmöglich. Dennoch ist der stille Weg mit viel Grün, zahlreichen Sitzgelegenheiten und immer wieder interessanten Perspektiven auf bekannte Gebäude und weniger bekannte rückwärtige Fronten sehr abwechslungsreich.

An der nächsten Brücke, der 5 **Johannesbrücke am Bispinghof,** kommen wir mitten ins studentische Leben Münsters. Vor der Brücke liegt linker Hand das Romanische Seminar, auf der anderen Straßenseite befindet sich die Rechtswissenschaftliche Fakultät der Universität. Rechts der Aa sind die Institutsgebäude für Erziehungswissenschaft, Jüdische Studien und das Englische Seminar. Auf der Brücke steht eine schlicht gestaltete **Bronzestatue des heiligen Nepomuk.** Als Zeichen des Beichtgeheimnisses hält der Heilige den Finger an den Mund. An der Johannesbrücke verlief einst die Grenze der Domburg, also des Immunitätsbezirkes des Bischofs. Würden wir rechts über die Brücke in die Stadt einbiegen, kämen wir direkt zum LWL-Museum für Kunst und Kultur und weiter zum Domplatz.

Überwasserkirche

Wir folgen jedoch dem **Aaseitenweg,** der an dieser Stelle auf die rechte Seite des Bachlaufs wechselt. Vorbei an der Petrikirche und der Katholisch-Theologischen Fakultät gelangen wir in einen dicht bewachsenen Abschnitt der Aa. Der Weg führt auf Höhe des Bischöflichen Generalvikariats unter einer geschwungenen Fußgängerbrücke hindurch. Diese Brücke stellte früher die Verbindung der bischöflichen Gärten rechts und links der Aa her. Wenige

Aaseitenweg

Madonna an der Aa

Schritte weiter gelangen wir über eine kurze Treppe hinauf zur Brücke am ehemaligen **Spiegelturm** und der gleichnamigen Gasse. Er war einer der vier Wachtürme, die den Zugang zur früheren Domburg sichern sollten. Der Name ist auf das lateinische Wort *speculare,* gleichbedeutend mit spähen, zurückzuführen. Der Turm ist längst abgerissen, wir sehen nur noch die steinerne Brücke und die gepflasterte Gasse, die zum Dom hinaufführt. Links ragt der mächtige Bau der **Überwasserkirche** auf. Deren Turm ohne Spitze hatten wir ganz zu Beginn unseres Spaziergangs am Anfang des Aasees in der Ferne sehen können. Die Kirche liegt über dem Wasser auf der anderen Seite der Münsterschen Aa, daher der Name. Die fehlende Turmspitze ist auf die Zeit der Wiedertäufer zurückzuführen. Damals 1534/35 wurde das spitze Dach heruntergestürzt, damit dort Kanonen zur Stadtverteidigung aufgestellt werden konnten.

Unser Weg führt ab dem Spiegelturm wieder auf der linken Seite der Aa entlang. Direkt nach der Brücke entdecken wir die Statue der 6 **Madonna an der Aa** hoch oben über der Uferbefestigung. Durch die Fürbitte der Münsteraner Bürger zur Mutter Gottes soll im Siebenjährigen Krieg eine Feuersbrunst verhindert worden sein. Als Dank wurde 1760 diese Statue bei der Martinikirche neben dem heutigen Theater aufgestellt. Inzwischen hat sie ihren Platz an der Münsterschen Aa erhalten. Ihre Kopfneigung hinab zum Bachlauf soll speziell für den neuen Standort im Rahmen einer Restaurierung verändert worden sein.

Nach Überquerung der Straße **Spiekerhof** führt uns der Fußweg in einem Bogen weiter bis zur **Bergstraße.** Auch diese Straße kreuzen wir und finden wenige Häuser weiter rechts zurück zur Aa. Schnell lassen wir die lärmende Straße hinter uns und tauchen wieder in die Stille des Aaseitenweges ein. Das Stadtzentrum haben wir bereits hinter uns gelassen, wir befinden uns auf Höhe des Theaters. An der nächsten Straße namens **Breul** biegen wir rechts ab, überqueren die **Neubrückenstraße** geradeaus und gelangen direkt zur **Promenade.** Zwischen dem Bachlauf der Aa und der Promenade befindet sich der 7 **Zwinger.** Der mächtige Turm wurde als Teil der Stadtbefestigung erbaut, im Bereich der strategisch empfindlichen Stelle des Austritts der Aa aus der Stadt. Er hat eine bewegte, mehr als 500 Jahre

Zwinger

Aarenaturierung entlang der Kanalstraße

alte Geschichte als Wehrturm, Mühle, Gefängnis, Atelier und Hinrichtungsstätte der Gestapo. Gegen Ende des Krieges wurden das Dach und Teile des Innenhofes zerstört, woraufhin das Gebäude verschlossen wurde. Im Rahmen der Skulptur Projekte Münster 1987 installierte die international bekannte Künstlerin Rebecca Horn ihre Arbeit „Das gegenläufige Konzert" im Inneren der Ruine und machte den Zwinger dadurch der Öffentlichkeit wieder zugänglich. Eine Besichtigung ist an Sonntagen in den Sommermonaten möglich oder nach Vereinbarung.

Gegenüber dem Zwinger führt uns der Aaseitenweg weiter entlang des Bachlaufs aus der Stadt hinaus. Wir überqueren die **Maximilianstraße** und die **Rjasanstraße** und gelangen zum **Lublinring.** Nun wollen wir geradeaus auf der anderen Straßenseite entlang der Aa spazieren. Dafür ist ein kleiner Schlenker nach links zur Fußgängerampel erforderlich, um den stark befahrenen Lublinring zu kreuzen. Danach geht's rechts der Aa auf einem bequemen Schotterweg weiter. Wir sind an der **8** **Aarenaturierung**

entlang der Kanalstraße angekommen, dem letzten Abschnitt unseres Spaziergangs. In diesem Bereich wurde die Aa ebenfalls aus dem schmalen Betonbett befreit und naturnah umgestaltet. Ein neu angelegter Krötentunnel verbindet die Aa mit den Feuchtbiotopen im benachbarten Wienburgpark.

Im Wienburgpark laden viele Picknickplätze zur Rast im Grünen ein.

Bei der ersten Möglichkeit können wir über Trittsteine auf die andere Seite des Bachlaufs wechseln. Hier führt uns ein schmaler Pfad entlang der renaturierten Flächen bis zum Ende unserer Tour an der Straße Nevinghoff. Rechts, wenige Schritte von der Aa entfernt, befindet sich eine Bushaltestelle und einige Meter weiter der Bahnhaltepunkt Münster Zentrum Nord.

SPORT, KULTUR UND FREIZEIT AM AASEE

Mit der Erweiterung des Aasees im Jahr 1976 entstand im hinteren Teil des Sees der **Allwetterzoo Münster.** Das Westfälische Pferdemuseum ist in das Zoogelände integriert. Daneben befindet sich das LWL-Museum für Naturkunde mit dem Planetarium, einem der modernsten seiner Art Europas. Und noch ein Museum schließt sich an, das Freilichtmuseum Mühlenhof mit Werkstätten und dem Dorfkrug, einer Gastronomie mit Dorfatmosphäre.

Warum nicht mal eine Wegstrecke mit dem Schiff zurücklegen? Die **SOLAARIS** verkehrt regelmäßig zwischen Aaseeterrassen und Allwetterzoo mit Halt am Freilichtmuseum Mühlenhof. Der Schiffsfahrplan ist auf die Stadtbuslinie 14 abgestimmt, sie verbindet die Anlegestelle an den Aaseeterrassen mit dem Hauptbahnhof. Seit 2021 ist das Schiff mit moderner Solartechnik ausgestattet und fährt somit komplett emissionsfrei.

Ein Erlebnis ist das jährlich stattfindende **Promikellnern an den Aaseeterrassen,** eine Charity-Veranstaltung zugunsten der Krebsberatungsstelle Münster. Seit 2003 engagiert sich Wilsberg-Darsteller Leonard Lansink als Schirmherr für diese Veranstaltung. Zusammen mit weiteren Schauspielkolleginnen und -kollegen bedient er an diesem Tag die Gäste am Aasee. Ein fröhlicher und vielleicht ein wenig aufregender Nachmittag bei Livemusik und frisch gezapftem Bier ist sicher.

Immer im Frühjahr gibt es die traditionelle **Aaseeregatta** mit Teilnehmerinnen und Teilnehmern aus ganz Deutschland. Veranstalter ist der Münsteraner Regattaverein e. V., der neben der Frühregatta auch Renntage der Ruder-Bundesliga am Aasee organisiert.

2

Start/Ziel: Bushaltestelle Aegidiimarkt/LWL-Museum
Länge: ca. 3 Kilometer
Dauer: ca. 1,5 Stunden
ÖPNV: Haltestelle Aegidiimarkt/LWL-Museum
Parken: Parkhaus Aegidiimarkt, 48143 Münster

UNTERWEGS ENTDECKT

1. Glockenspiel
2. Gadem
3. Hanse Carré
4. Bodenplatte mit dem Grundriss des Clemenshospitals
5. Sandsteinskulpturen am Erbdrostenhof
6. Das Pendel
7. Goldene Fuge
8. Jordanwasser
9. L'Or – Zum Licht
10. Drubbel
11. Bibliotheksgasse
12. Kunsttoilette

ESSEN + TRINKEN

Münsteraner Wochenmarkt, Domplatz, 48143 Münster, wochenmarkt-muenster.de/essen-trinken
(mittwochs und samstags; große Auswahl frisch zubereiteter Spezialitäten)
Ökologischer Bauernmarkt, Domplatz, 48143 Münster, oekomarkt-ms.de
(freitags; kleinerer Markt mit ausschließlich Bio-Angeboten)
1648, Heinrich-Brüning-Straße 5, 48143 Münster, 16-48.de
(Kaffee und Kuchen sowie Mittagsangebote; spektakulärer Rundumblick über die Stadt)

IM ZENTRUM

Verborgene Schätze

Münsters Zentrum mit dem Dom, dem Prinzipalmarkt und weiteren Zeitzeichen ist den meisten Besuchern bekannt. Es gibt aber viele Besonderheiten, die bei einem Besuch der schönen Stadt Münster schnell übersehen werden können. Erst bei Änderung des Blickwinkels oder kleiner Korrektur der Route stoßen wir auf interessante Details an Gebäuden, im Pflaster oder hinter Türen. Dieser Spaziergang ist gespickt mit einigen dieser wunderschönen und überraschenden Details. Machen wir uns also auf die Suche nach den verborgenen Schätzen im Zentrum von Münster.

Glockenspiel mit Weltzeituhr

Unsere Entdeckungstour beginnen wir am **Aegidiimarkt** gegenüber dem LWL-Museum. Das architektonisch interessante Museumsgebäude sparen wir uns für den Schluss unserer Tour auf. Zunächst spazieren wir zwischen Aegidiimarkt und Museum auf der Straße **Rothenburg** stadteinwärts. Bevor wir rechts in eine schmale laubenartige Gasse einbiegen, gehen wir noch ein kurzes Stück geradeaus bis zur Hausnummer 13 und bestaunen dort an der Hausfassade das 1 **Glockenspiel.** Mit Weltzeituhr und Figurenumgang ist es eines der aufwendigsten von vier Glockenspielen in der Stadt. Zur passenden Tageszeit, um 12, 16, 17 und 18 Uhr, öffnet sich das Gehäuse und die westfälischen Originale wie Professor Landois zeigen sich zu wechselnden Melodien.

Nun passieren wir die mit Weinreben berankte Gasse und kommen auf der rückwärtigen Seite in die **Lütke Gasse.** Die *lütke,* also kleine Gasse, war im Mittelalter überwiegend mit kleinen und einfachen Reihenhäusern bebaut,

Gadem in der Marievengasse

sie werden als 2 **Gadem** bezeichnet. Hier wohnte die ärmere Bevölkerung auf kleinstem Raum dicht beieinander. Die Hausbreite entsprach einem einzigen schmalen Raum, das Toilettenhäuschen befand sich meist im Hinterhof. Bei Hausnummer 17 rechts ist eines dieser sogenannten Gademe noch erhalten, wir erkennen es an dem kleinen vorgebauten Giebel mit Seilzug. Heute ist hier **Lütkes Aperitivobar** klein, aber fein eingezogen und verwöhnt die Gäste mit italienischer und spanischer Küche und feinen Weinen.

Ein weiteres Gadem befindet sich in der Marievengasse. Wir folgen der Lütke Gasse nach links bis zur Königsstraße, überqueren rechts den **Picassoplatz** und biegen an der zweiten Möglichkeit links in die **Marievengasse** ein. Gadem Hausnummer 6 steht unter Denkmalschutz. Das kleine Haus mit einst circa 35 Quadratmetern Wohnfläche wurde aufwendig und beispielhaft im Sinne des Denkmalschutzes saniert. Heute verfügt es über eine Küche und ein Badezimmer. Was inzwischen Grundvoraussetzung für unsere Wohnstandards ist, wäre für damalige Verhältnisse purer Luxus gewesen.

Am Ende der kleinen Gasse stehen wir unvermittelt auf der größten Einkaufsstraße Münsters, der **Ludgeristraße.** Erst links und gleich wieder rechts abgebogen in die **Windthorststraße,** wird es schnell ruhiger. Direkt an der ersten Möglichkeit halten wir uns links und spazieren entlang einer Baumreihe bis zur **Beginengasse.** Hier ist der Herzenssterne-Boulevard des Deutschen Roten Kreuzes entstanden. Auf den Sternen im Pflaster sind die Namen der Erst-Blutspender eingraviert. Was wir jedoch von unten nicht erkennen, ist die Bebauung des preisgekrönten 3 **Hanse Carrés** ganz oben auf den Dächern. Der einst riesige triste Parkplatz wurde im Rahmen eines städtebaulichen Wettbewerbs zu einem Handels- und Hotelzentrum in Ergänzung zu den wichtigen Einkaufsstraßen

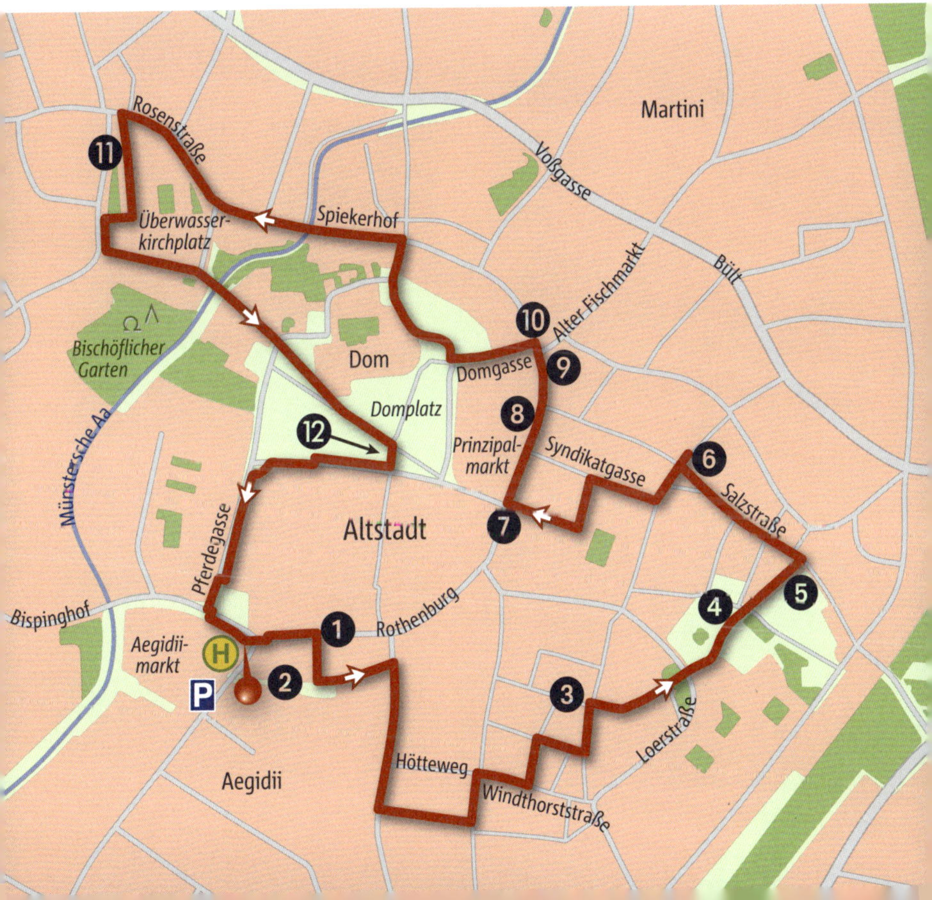

Hanse Carré

Clemenskirche

in der Innenstadt umgestaltet. Dabei entstand das Hanse Carré mit Tiefgarage, darüber Ladenlokale und Büroräume in der ersten und zweiten Etage. Ganz oben, auf dem Dach sozusagen, wurde neuer Wohnraum in Form von Einfamilienhäusern geschaffen. Die acht unterschiedlich gestalteten Wohnhäuser mit jeweils eigenem Eingang und Gartenbereich bilden hoch oben eine kleine ruhige Wohnsiedlung inmitten der belebten Innenstadt. Von unten erkennen wir lediglich die Giebel der Wohnhäuser, die perfekt in die Hausfassade integriert sind. Betreten wir anschließend den Platz an der **Stubengasse,** können wir mit mehr Abstand zu den Gebäuden schon eher erahnen, was sich hinter den Giebeln verbirgt.

Wir verlassen den Platz rechts an der alten Platane und gelangen zwischen Geschäften und Cafébar hindurch auf die rückwärtige Seite der modernen Stubengassenbebauung. Die nächste Straße überqueren wir geradeaus und sehen links einen kleinen Park. Er bildet mitten in der quirligen Innenstadt hinter dichten Hecken eine willkommene Ruheinsel. Die kleine Grünanlage gehört zur **Clemenskirche,** einem der bedeutendsten Sakralbauten des Westfälischen Barocks. Die auffallende, fast runde Grundform mit sechseckiger Kuppel lockt uns zur Besichtigung nach innen. Nach der Zerstörung im Zweiten Weltkrieg wurde die Kirche auf Grundlage der Pläne des Münsteraner Barockbaumeisters Johann Conrad Schlaun wiederhergestellt. Vor der Kirche entdecken wir eine im Pflaster eingelassene 4 **Bodenplatte mit dem Grundriss des Clemenshospitals.** Die Kirche, vor der wir stehen, gehörte zum Kloster der Barmherzigen Brüder. Sie stand gar nicht allein wie heute, sondern war Eckpunkt zwischen zwei Flügelbauten. Diese lang gestreckten Gebäude beherbergten das erste Krankenhaus Münsters, das nach Aufhebung des Klosters als Clemenshospital weitergeführt wurde.

Von der Clemenskirche aus folgen wir der **Ringoldsgasse** zur **Salzstraße.** Rechts auf der Ecke liegt unübersehbar der imposante **Erbdrostenhof.** Für den Bau des Adelshofes wurde auch an dieser Stelle Johann Conrad

Erbdrostenhof

Sandsteinskulpturen

Schlaun beauftragt. Die Aufgabe war nicht einfach, denn das Eckgrundstück war klein und doch sollte ein repräsentativer Adelshof entstehen. Das Ergebnis wird als Meisterwerk des Architekten bezeichnet. Die vom Bauherrn gewünschte Dreiflügelanlage platzierte Schlaun diagonal auf die hintere Seite des Grundstückes. Dadurch entstand trotz enger Platzverhältnisse die vor uns liegende breite Fassade und ein ausladender Ehrenhof zur Straße. Was man wissen sollte: Der Erbdrostenhof brannte im Zweiten Weltkrieg völlig aus. Die Gebäudefassade und der Festsaal wurden nach 1945 originalgetreu wiederhergestellt.

Betreten wir den Vorhof, so ist wieder unser genauer Blick gefragt. Neben vielen Details fallen die Skulpturen zwischen der ersten und zweiten Fensterreihe auf. Schauen wir genauer hin, erkennen wir eine Reihe 5 **Sandsteinskulpturen,** verziert mit Abbildungen von Früchten, Tieren – sogar Wurstringe sind zu erkennen. Es sind genau zwölf Skulpturen, passend zum Jahreszyklus. So stellt sich uns ein kleines Jahresrätsel. Ob wir wohl alles erkennen?

Vom Erbdrostenhof aus gehen wir stadteinwärts bis zur nächsten kleinen Platzaufweitung an der Salzstraße. Hier befindet sich rechts die **Dominikanerkirche** mit barocker Kuppel und aufwendig gestalteter Barockfassade auf der heutigen Eingangsseite. Wir werden nicht in jede Kirche schauen können auf diesem Spaziergang, denn allein in der Innenstadt von Münster gibt es fast 20 Gotteshäuser. Doch die Dominikanerkirche sollten wir unbedingt besuchen, denn dort ist 6 **Das Pendel** des Künstlers Gerhard Richter installiert. Korrekt heißt es „Zwei Graue Doppelspiegel für ein Pendel“, doch in Münster hat sich schnell die vereinfachte Bezeichnung eingebürgert. Genau mittig unter der Kuppel schwingt ein 48 Kilogramm schweres Pendel über einer steinernen Bodenplatte mit fast 6 Meter Durchmesser. Das Pendel schwingt ununterbrochen und gleichmäßig. Die Bodenplatte dreht sich dabei ebenso gleichmäßig in entgegengesetzter Richtung. Für eine vollständige Rotation werden rund 30 Stunden benötigt.

3 Tage und Nächte im Sommer wird Münsters City zum Schauraum – dem Fest der Museen und Galerien mit viel Kunst, Kultur und Stadterleben.

Richters künstlerische Arbeit basiert auf dem Pendelversuch des französischen Physikers Léon Foucault, der

Das Pendel

Historisches Rathaus

Sendschwert

im Jahr 1851 damit erstmals die Erdrotation sichtbar gemacht hat. Mit der Installation des Pendels ist ein magischer Ort entstanden, mitten in der hektischen Innenstadt.

Nach der Dominikanerkirche ist unser nächstes Ziel das **Historische Rathaus von Münster.** Dafür wenden wir uns beim Verlassen der Kirche nach links, überqueren die Salzstraße und biegen zwei Häuser weiter sofort wieder rechts ab. Den baumbestandenen **Syndikatplatz** verlassen wir hinter der Zufahrt zu einer Tiefgarage und gelangen direkt auf den Platz des Westfälischen Friedens. Links befindet sich das neue Rathaus mit dem geometrisch angelegten Rathaus-Innenhof, rechts das Historische Rathaus mit dem turmartigen Vorbau. Wir steigen rechts die wenigen Stufen hinab und verlassen den Platz zwischen Historischem Rathaus und rechts angrenzendem Stadtweinhaus. Vor uns liegt der **Prinzipalmarkt,** die gute Stube Münsters. Bevor wir auf die gepflasterte Straße hinaustreten, schauen wir uns links die Hauswand des Historischen Rathauses genauer an. Zuerst fällt die große Tafel mit dem Schriftzug „Preußische halbe Ruthe“ auf. Die dargestellte Messlatte umfasst genau 6 Fuß, so viel wie eine halbe Ruthe. Mit diesem Längenmaß erfolgte ab 1816 im Historischen Rathaus die Aufteilung von Flächen, denn damals wurde hier auch Recht gesprochen. Auch das Sendschwert hat mit dem Gerichtsort im heutigen Historischen Rathaus zu tun. Immer wenn Send ist, die größte Kirmes im Münsterland, wird auch heute noch der hölzerne Arm mit einem aufrecht gehaltenen Schwert an der Hausecke aufgehängt. Die ursprünglich damit verfolgte Abschreckung streitsüchtiger Marktbeschicker ist inzwischen wohl überholt.

An der Rathauswand fällt eine weitere Besonderheit auf, die **7** **Goldene Fuge** des Künstlers Adolph Knüppel. Er hat 1993 zum 1200-jährigen Stadtjubiläum an mehreren historischen Gebäuden Münsters Blattgoldplättchen angebracht. Diese Goldenen Fugen markierte er mit Jahreszahlen, die am Beispiel des Rathauses an das Jahr der ursprünglichen Erbauung 1335 und den Wiederaufbau 1951 nach dem Zweiten Weltkrieg erinnern. Diese Goldene Fuge am Historischen Rathaus ist wohl die bekannteste Arbeit aus dieser Reihe. Bei aufmerksamer Beobachtung finden wir weitere Fugen, zum Beispiel an der **Clemenskirche,** die wir zuvor bereits von innen bewundert haben, oder am **Lepramuseum** in Kinderhaus in Spaziergang 9.

Goldene Fuge

Jordanwasser

Wenden wir uns nun nach rechts, erblicken wir am Ende des Prinzipalmarktes den schlanken Turm der **Lambertikirche.** Dort verbirgt sich ein weiterer Schatz, den es zu entdecken gilt. Doch zuvor lohnt es sich, den Blick nochmals zu senken. Denn vor Hausnummer 34, genau zwischen den einstigen Wohnhäusern zweier ehemaliger Bürgermeister der Wiedertäufer, ist ein Kunstwerk im Pflaster eingelassen, das **8** **Jordanwasser.** Der korrekte Titel heißt „Wasser in Münster" und erinnert an dieser Stelle an die Zwangstaufe während der Schreckensherrschaft der Wiedertäufer. Auch hier war der Künstler Adolph Knüppel am Werk. Im Jahr 2000 musste der alte unterirdische Brunnen, der bereits zu Täuferzeiten an dieser Stelle existierte, zugeschüttet werden. Zuvor entnahm Knüppel Wasser und mischte es mit biblischem Jordanwasser. Anschließend versenkte er ein Gefäß, gefüllt mit dem Wassergemisch im Pflaster. Durch die quadratische Abdeckung des Gefäßes aus Glas können wir das Jordanwasser erahnen. Pflastersteine mit Wassersymbolen, Friedenstaube und der Jahreszahl der Wiedertäuferzeit bilden um das Metallgefäß ein christliches Kreuz. Im Bürgersteig vor den Wohnhäusern der Wiedertäufer sind zwei weitere Pflastersteine mit Beschriftung eingelassen. Blicken wir nun wieder nach oben zum Turm der Lambertikirche, sehen wir die drei Wiedertäuferkäfige, eiserne Körbe, in denen damals im Jahr 1536 die Leichen der zum Tode verurteilten Wiedertäufer zur Abschreckung aufgehängt wurden.

Lambertikirche

Wenden wir uns aber den schönen Seiten der Lambertikirche zu. Dort oben im Turm in 75 Meter Höhe bläst seit dem 14. Jahrhundert ein Turmwächter ins Horn und zeigt dadurch die Zeit an. Außerdem besteht seine Aufgabe darin, Feuer zu melden und generell von hoch oben nach dem Rechten zu schauen. Seit 2014 übernimmt diese Aufgabe Martje Saljé, eine junge Frau. Als Angestellte der Stadt bläst sie nicht nur pünktlich ins Horn, sondern ist auch in Sachen Marketing unterwegs mit ihrem Blog direkt vom Turm. Damit wir das nebelhornartige Tuten live hören können, müssen wir später noch einmal wiederkommen, denn das Horn wird erst ab 21 Uhr bis Mitternacht alle halbe Stunde geblasen.

Die Lambertikirche hat noch eine weitere Besonderheit zu bieten, eine Schiebetür am barrierefreien Eingang zur Salzstraße. Seit dem Jahr 2022 ist dort das Türen-Kunstwerk 9 **L'Or – Zum Licht** des Künstlers René Blättermann zu bestaunen. Von außen zunächst eher unscheinbar, erstrahlt die Tür von innen betrachtet umso mehr. Erst recht an einem Sonnentag ist die rot-gelb-goldene Farbigkeit der

L'Or – Zum Licht

Glastür überwältigend. Wir müssen nur etwas Geduld mitbringen, denn sobald sich jemand der Tür nähert, öffnet sie sich automatisch und verschwindet hinter den Kirchenmauern. Kommt sie wieder zum Vorschein, so erkennen wir kunstvolle Bildzeichen mit Bezügen zum Christentum und Judentum. Mit dieser Arbeit möchte der Künstler das Miteinander beider Religionen betonen.

Der alte Drubbel

Bibliotheksgasse

Nach dem Verlassen der Kirche wenden wir uns nach rechts und folgen dem letzten Abschnitt des Prinzipalmarktes bis zu einer platzartigen Aufweitung der Straße. Rechts zweigt die Straße Alter Fischmarkt ab, links ein schmaler Durchgang für Fußgänger, die **Domgasse.** Vor uns liegt der ⑩ **Drubbel,** so heißt der heutige Straßenabschnitt zwischen Prinzipalmarkt und Roggenmarkt. Noch bis 1906 standen hier dicht gedrängt, also *gedrubbelt,* zehn einfache, schmale Häuser. Sie mussten für den zunehmenden Verkehr weichen. Heute erinnert nur noch der Name und eine im Straßenbelag abgesetzte Pflasterreihe an die Häuseransammlung. Auch die Unterbrechung der Bogenhäuser im Abschnitt des Drubbels hat seinen Ursprung in der Enge im Bereich der inzwischen abgerissenen Häuser. Wir folgen der **Domgasse** und durchschreiten das **gestreifte Tor** des Künstlers Daniel Buren. Es ist als einziges Tor seiner Arbeit „4 Tore" der Skulptur Projekte Münster 1987 erhalten. Er nimmt mit dieser Arbeit Bezug auf die Immunitätsmauer aus dem Jahr 1264, die das Domkapitel zur Bürgerschaft abgrenzte. Bei einem Blick zurück erkennen wir am letzten Haus rechts ein Stück dieser historischen Mauer.

Vor dem Dom biegen wir rechts ab und gelangen über eine Treppenanlage zum **Spiekerhof.** Diesem Straßenverlauf folgen wir bis zur nächsten Kirche, der **Überwasserkirche.** Sie ist gut an der fehlenden Kirchturmspitze zu erkennen. Umrunden wir die Kirche und das angrenzende Priesterseminar auf der rechten Seite, kommen wir zu der modernen **Diözesanbibliothek.** Das mit dem Architekturpreis NRW ausgezeichnete geradlinige Bauwerk wurde parallel zum historischen Priesterseminar platziert. Dadurch entstand eine neue 11 **Bibliotheksgasse** mit reizvollem Kontrast zwischen altem und neuem Gebäude. Wir steigen die Treppe hinauf und schlendern die Gasse entlang, vorbei an den Räumen mit der größten theologischen Büchersammlung nördlich der Alpen und einem dreigeschossigen Lesesaal. Am Ende führt uns eine Treppe wieder hinab zum Kirchplatz der Überwasserkirche.

Gegenüber dem Hauptportal der Überwasserkirche befindet sich das berühmteste Antiquariat Münsters, der Drehort des ZDF-Krimis „Wilsberg".

Halten wir uns links, so ist unsere Umrundung der Kirche fast vollständig. Wir gehen jedoch nicht zurück bis zum

Kunsttoilette

LWL-Museum für Kunst und Kultur

Spiekerhof, sondern folgen geradeaus dem gepflasterten Weg über die Münstersche Aa hinweg bergauf zum **Domplatz.**

Mittwochs und samstags findet auf dem Domplatz der große Wochenmarkt statt, freitags der Ökologische Bauernmarkt.

Die Wegmarkierung im Pflaster führt uns diagonal über den Platz. Fast am Platzende angekommen, erkennen wir rechts des Weges Geländer zu einer Art Kellertreppe mit den Schildern für Frauen und Männer. Nichts Besonderes und auf den ersten Blick unscheinbar, doch wir stehen vor der vielleicht schönsten öffentlichen Toilette Münsters, der 12 **Kunsttoilette.** Beim Betreten überraschen uns bunte Plastikkronleuchter über den Waschbecken, großformatige Bilder an der Wand und farbige Fliesen. Der Künstler Hans-Peter Feldmann hat im Rahmen der Skulptur Projekte Münster 2007 den Toilettengang am Domplatz zum Erlebnis gemacht. Die ursprünglich kostenlose Benutzung musste inzwischen leider in eine kostenpflichtige umgewandelt werden. Ein Besuch ist trotzdem lohnenswert.

Wieder oben auf dem Domplatz, wenden wir uns nach rechts und gehen entlang der Straße Domplatz bis zum markanten Gebäude des **LWL-Museums für Kunst und Kultur.** Auch hier können wir zwischen altem und neuem Gebäudteil hindurchspazieren. Es lohnt sich, das Museumsgebäude zu betreten, um das spektakuläre Foyer zu bestaunen. Auf der gegenüberliegenden Seite geht's direkt wieder hinaus, zunächst in einen Innenhof und dann auf den Museumsvorplatz und den Aegidiimarkt, den Ausgangspunkt unseres Spazierganges.

NOCH MEHR GLOCKENSPIELE MITTEN IN DER STADT

Das **Glockenspiel im Stadthausturm** am Prinzipalmarkt besteht aus 14 Glocken, die immer um 11, 15 und 19 Uhr zwei Lieder ertönen lassen.

Das **Glockenspiel am Schloss** ist besonders gut von der Schlossgartenseite zu hören. Es wird um 8, 12 und 18 Uhr gespielt.

Viermal am Tag um 8, 13, 18 und 20 Uhr erklingt das **Glockenspiel am Landeshaus,** Freiherr-vom-Stein-Platz.

Das **Glockenspiel der Astronomischen Uhr** befindet sich innerhalb des Doms etwas versteckt im Kapellenumgang und ist ein wahres Kunststück. Immer zur vollen Stunde trompetet hoch oben das sogenannte Tutemännchen, begleitet von einem Glockenschlag. Spannend wird es um genau 12 Uhr, an Sonn- und Feiertagen um 12 Uhr 30, dann treten die Heiligen Drei Könige in Erscheinung und verneigen sich vor dem Jesuskind. Um das Kunstwerk mit seiner reichen Bebilderung verstehen zu können, lohnt sich die Teilnahme an einer Führung.

3

Start/Ziel: Bushaltestelle Zumsandestraße
Länge: ca. 5,5 Kilometer
Dauer: ca. 2,5 Stunden
ÖPNV: Haltestelle Zumsandestraße
Parken: Parkhaus St. Franziskus-Hospital, Hohenzollernring 70, 48145 Münster

UNTERWEGS ENTDECKT

1. Linnenbrinks Garten
2. Neuer Mauritz-Friedhof
3. Grüner Tunnel
4. Nepomuk-Statue
5. Prozessionsweg
6. Alter Mauritz-Friedhof
7. Kirche St. Mauritz

ESSEN + TRINKEN

Café Classique, Rudolfstraße 1, 48145 Münster, Tel. (02 51) 13 17 00, cafe-classique.de (kreative, geschmacklich raffinierte Torten, feine Pralinen und Schokoladen)
Café Garbo, Warendorfer Straße 45, 48145 Münster, Tel. (02 51) 3 03 09, cinema-muenster.de/menu/cafe-garbo (Café, Kneipe und Restaurant; Kinogastronomie mit fair gehandelten und ökologisch produzierten Produkten)

IM MAURITZVIERTEL

Entschleunigung auf dem Prozessionsweg

So nah am Zentrum und doch so grün, das ist das Mauritzviertel mit dem Prozessionsweg, einer der schönsten Alleen Münsters. Der stimmungsvolle Fußweg durch die alte Lindenallee ist nicht nur in religiöser Hinsicht von Bedeutung, sondern auch für die Joggingrunde oder den Ausflug ins Umland eine beliebte Wegeverbindung. Mitten im Viertel steht die kunstgeschichtlich bedeutende Kirche St. Mauritz. Sie vereint Baugeschichte, Bethaus und moderne Kunst. Hier erwartet uns am Ende unseres Spaziergangs ein wunderbar besinnlicher Ort.

Wir starten an ❶ **Linnenbrinks Garten,** einer kleinen Grünfläche an der Warendorfer Straße, nur wenige Schritte entfernt von der Bushaltestelle Zumsandestraße. Die Warendorfer Straße war immer schon eine wichtige Achse aus der Stadt heraus Richtung Warendorf und Ostwestfalen. Ende des 19. Jahrhunderts entwickelte sie sich zu einer „Chaussee“ mit repräsentativen Stadthäusern, Verwaltungsbauten und Banken. Zahlreiche Gaststätten mit Biergärten siedelten sich entlang der Straße an, darunter auch **Linnenbrinks Konzertgarten.** Von dem damaligen Ausflugsziel ist an dieser Stelle leider nichts mehr zu erkennen. Nur eine breit ausladende alte Blutbuche ist übrig geblieben. Der mächtige Baum hatte bis vor wenigen Jahren noch Gesellschaft von einer nicht weniger mächtigen Kastanie. Diese fiel aber einem Sturm zum Opfer, nur noch der Baumstumpf erinnert heute an sie. Der nun exponierte Stamm der als Naturdenkmal geschützten Blutbuche wurde deshalb mit einem Schutzanstrich versehen, einer Art Sonnencreme für Bäume.

Wir verlassen die kleine Grünanlage rechts hinter der Blutbuche. Das **Café Classique** mit Außenterrasse nahe der alten Buche merken wir uns für eine Einkehr am Ende unseres Spaziergangs. Zunächst gehen wir durch das an-

Linnenbrinks Garten

grenzende Wohnviertel Mauritz entlang der Rudolfstraße, nehmen den ersten Abzweig rechts in die Gutenbergstraße und wieder den ersten Abzweig, nun aber links in die Lortzingstraße. So gelangen wir zum **Hohenzollernring,** den wir an der Fußgängerampel sicher überqueren können.

Linker Hand befindet sich das Areal des **St. Franziskus-Hospitals,** nach dem Uniklinikum das größte Krankenhaus der Stadt Münster. Es wurde um 1850 von den Mauritzer Franziskanerinnen gegründet, damals mit 50 Betten und einem einzigen behandelnden Arzt. Noch bis 1957 waren fast ausschließlich Ordensschwestern auf den Stationen tätig. Wir gehen nach der Fußgängerampel geradeaus weiter, vorbei am Haupteingang und am Parkhaus der Klinik bis zur Andreas-Hofer-Straße. Das große Parkgelände lin-

ker Hand gehört zum Mutterhaus der Franziskanerinnen, der von Münster aus weltweit agierenden Ordensgemeinschaft. Wir biegen links ab, folgen der Parkbegrenzung bis zu der breiten Zufahrt auf das Parkgelände. Hier überqueren wir die Straße, um rechts bei Hausnummer 86 in eine schmale Wohnstraße einzubiegen. Nach dem vierten Wohnhaus mündet die Straße in einen unbefestigten Fußweg, gesäumt von einer Lindenreihe. Rechts befindet sich der 2 **neue Friedhof St. Mauritz,** später kommen wir noch an dem alten Friedhof St. Mauritz vorbei.

Am Eingangstor zum Friedhof angelangt, biegen wir rechts ab, folgen nochmals wenige Meter der Friedhofsbegrenzung, um dann auf der gegenüberliegenden Straßenseite das große Freizeitgelände zu betreten. Ein bequemer Fußweg, gesäumt von Obstwiesen, führt uns an einem Volleyball- und Fußballfeld vorbei zum **Dortmund-Ems-Kanal.** Vielleicht tuckert gerade ein Frachtschiff vorbei und

Grüner Tunnel

lässt uns zur Beobachtung innehalten. Wir gehen entlang des Kanals nach links und spazieren über die neue stählerne Diagonalbrücke, um den Kanal zu überqueren. Auf der anderen Seite folgen wir der Straße bis zum ersten Abzweig auf der linken Straßenseite. Den steil abwärts führenden Weg zum Kanal lassen wir links liegen und biegen direkt daneben in den schattigen Fuß- und Radweg ein. Der Bewuchs auf beiden Seiten des Weges aus Hecken und Bäumen bildet über uns ein dichtes Blätterdach. Nach wenigen Schritten fühlen wir uns wie in einem ③ **grünen Tunnel.** Ganz automatisch verlangsamen wir unseren Schritt zu einem gemütlichen Schlendergang, um diesen Wegabschnitt auskosten zu können.

Nepomuk-Statue

Nachdem wir den „Tunnel" verlassen haben, behalten wir die Richtung bei und folgen dem Weg in einem weiten Bogen durch Felder in ein Wäldchen hinein. In einer weiteren Kurve entdecken wir am Wegrand eine aufwendig gestaltete ④ **Barockstatue des heiligen Johannes Nepomuk.** Sie ist umgeben von einem Schutzgehäuse aus Eisen. Das geschwungene Dach deutet einen kurzen Vorhang mit Troddeln an. Nicht nur das Schutzgehäuse ist aufwendig gestaltet, auch die Statue aus Baumberger Sandstein ist kunstvoll ausgearbeitet, selbst der detaillierte Spitzenbesatz des priesterlichen Chorhemdes ist zu erkennen. Der Palmzweig in der rechten Hand, auch als Märtyrerpalme bezeichnet, verweist auf die Legende um Johannes Nepomuk, der als Priester das Beichtgeheimnis nicht brechen wollte und daraufhin von der Moldaubrücke in Prag in den Tod gestürzt wurde.

Das Holztor neben der Statue führt zu **Haus Grael,** einem größeren Anwesen mit einer fürs Münsterland typischen Gräftenanlage. Uns bleibt nur ein kurzer Blick von

Auf dem Prozessionsweg

außen, denn der ehemalige Gutshof ist in Privatbesitz. Wenige Meter weiter führt uns links ein schmaler Pfad am Waldrand entlang zum Prozessionsweg. Wir halten uns weiter links und erreichen das **„Weiße Kreuz“,** ein Gabelkreuz aus dem Jahr 1708. Der mehr als 400 Jahre alte 5 **Prozessionsweg,** dem wir nun stadteinwärts folgen dürfen, ist eine der schönsten Alleen Münsters.

Dicht an dicht stehen die mächtigen Lindenbäume und bilden einen ehrwürdigen Rahmen für den Gebetsweg mit seinen Kreuzwegstationen. Wir gehen automatisch einen Schritt langsamer, spüren die Stille dieses besonderen Ortes und schrecken fast auf, wenn eine Joggerin mit schnellem Gang an uns vorbeisaust. Eine eigens gegründete Initiative engagiert sich für den Erhalt, die Pflege und auch die Dokumentation des Kulturguts und Bodendenkmals. Engagierte Mitmenschen haben für die Kreuzwegstationen Patenschaften übernommen, pflegen die kleinen Beete und schmücken die Stationen zu besonderen Anlässen. So zum Beispiel in der Karwoche, dann bildet der Prozessionsweg den ersten Abschnitt der Wallfahrt nach Telgte.

Die Initiative Prozessionsweg organisiert regelmäßig stadtgeschichtliche und naturkundliche Führungen auf dem Prozessionsweg (sankt-mauritz.com).

Zunächst wird die Allee rechts und links von verträumten Kleingartenanlagen eingerahmt. Nach einer kurzen Unterbrechung bei der Brücke über den Dortmund-Ems-Kanal tauchen wir auf der anderen Seite schnell wieder in die stille Atmosphäre der alten Baumreihen ein. An der Ecke **Skagerragstraße** steht unscheinbar zwischen den Bäumen ein ganz besonderer **Briefkasten.** Ideengeber und Gestalter zugleich ist der Künstler Klaus Wethmar aus Roxel. Wo früher ein gelber Postkasten stand, wurde im Jahr 2008 der imposante, rund 1,70 Meter hohe Kasten aus Edelstahl aufgestellt. Hier können alle Menschen Briefe an Gott einwerfen. Ob Kummer, Freude oder Herzenswünsche, der Inhalt bleibt geheim, denn der Briefkasten ist für immer verschlossen. Nur Absender und Empfänger wissen darum, „die Entwicklung eines Dialogs ist möglich“ steht auf dem Kasten, Leerungszeiten: „Augenblicklich“.

Briefe an Gott

Ab hier ist der schmale Weg zwischen den alten Lindenbaumreihen nur den Fußgängern vorbehalten. So folgen wir dem Prozessionsweg, vielleicht in Gedanken versunken, bis wir nach mehr als 1 Kilometer das Ende der Allee erreichen. Wir überqueren die nächste Straße geradeaus und schlendern entlang des alten Kopfsteinpflasters stadteinwärts. Linker Hand befindet sich der 6 **alte Mauritz-Friedhof,** der bereits 1870 geweiht wurde. Heute bestimmen mehrere Gruppen von alten Trauerbirken mit ihrem malerischen und fast lauben-

Alter Mauritz-Friedhof

artigen Wuchs diesen besinnlichen Ort. Kurz nach dem Eingangstor zum Friedhof geht die gepflasterte Straße über in die St.-Mauritz-Freiheit. Der Name weist uns darauf hin, dass wir an dieser Stelle den **Immunitätsbezirk** des damaligen Stiftes St. Mauritz betreten. Das gesamte Stiftsareal war früher von einer Gräfte umgeben und über Tore in alle vier Himmelsrichtungen erschlossen. Auf unserem Weg durchschreiten wir das **ehemalige Osttor.** An dieser Stelle sind drei der vier Torpfeiler aus der Barockzeit erhalten. Die Inschrift an der Außenseite der Pfeiler „Immunitas Sancti Mauritii" ist noch zu erkennen.

Immunitätsbezirk

Wir folgen der Straße geradeaus und gelangen direkt zur 7 **Kirche St. Mauritz.** Die katholische Pfarrkirche ist in Teilen der älteste noch erhaltene Kirchenbau in Münster. Beim Eintreten fällt uns zuerst die Orgel auf. Sie wird in der Literatur als kulturhistorisch besonders wertvoll eingestuft. Auffallend ist die aufwendig und reich gestaltete Schauseite, im Fachjargon Orgelprospekt genannt. Sie ist aus Eisen gestaltet, nicht wie sonst üblich aus Holz, und mit einer Figurenreihe auf goldenem Grund bemalt. Über dem Altarraum schwebt ein großes symmetrisches Kreuz. Die Arbeit des Künstlers Ludger Hinse entstand im Rahmen des nordrhein-westfälischen Ausstellungsprojektes „Das Kreuz mit dem Kreuz" in den Jahren 2007 bis 2009. Das Lichtkreuz aus durchsichtigen Acrylglasplatten hängt frei über dem Altar. Nur in der Advents-, Weihnachts- und Fastenzeit wird es abgehängt. Je nach Lichteinfall durch die bunten Kirchenfenster und abhängig von unserem Standort leuchtet das Kreuz in unterschiedlichen Farben. Schon bei geringem Luftstrom bewegt es sich unmerklich und bewirkt damit eine zusätzliche Veränderung der Färbung. Das Zusammenspiel von Leuchtkraft, Trans-

Kirche St. Mauritz

parenz und Leichtigkeit dieser schlichten künstlerischen Arbeit ist faszinierend. Es lohnt sich, eine Weile zu bleiben, zu beobachten und zu genießen.

Nach dem Verlassen der Kirche holen uns die Verkehrsgeräusche des **Hohenzollernrings** schnell aus der Stille des Gotteshauses wieder zurück in die Gegenwart. Durch die kleine Grünanlage gelangen wir zu der stark befahrenen Ringstraße. Bei der Fußgängerampel überqueren wir den Hohenzollernring und folgen geradeaus dem **Mauritzsteinpfad.** Ein Kinderspielplatz sollte nun links des Weges liegen, dann sind wir richtig. An der Oststraße angekommen, gehen wir weiter geradeaus und kommen direkt zur Grünanlage **Linnenbrinks Garten,** unserem Ausgangspunkt, zurück.

„Feiern im 4tel" ist ein kreatives Nachbarschaftsfest auf Straßen, Plätzen, in Hinterhöfen und Gärten in Mauritz-West.

4

Start/Ziel: Bushaltestelle Kreuzschanze
Länge: ca. 4,5 Kilometer
Dauer: ca. 2 Stunden
ÖPNV: Haltestelle Kreuzschanze
Parken: Parkplatz Münzstraße 22, 48143 Münster

UNTERWEGS ENTDECKT

1. Sketch for a Fountain
2. Heilig-Kreuz-Kirche
3. Schulstraße
4. Schloßtheater
5. Raesfeldstraße 6
6. Zuckervilla

ESSEN + TRINKEN

BOK, Melchersstraße 32, 48149 Münster, Tel. (02 51) 9 17 96 56, brustoderkeule.de (feine Küche unter Leitung von Michelin-Sternekoch Laurin Kux; saisonal wechselnde Menüs mit regionalen Zutaten)
einsvier7, Maximilianstraße 41 a, 48147 Münster, Tel. (02 51) 27 74 23, einsviersieben.de (Viertelkneipe im alten Kreuzeck; kreative Gerichte, auch vegetarisch und vegan)

DAS KREUZVIERTEL

Genusstour

Münsters Kreuzviertel ist Genuss pur, zum einen fürs Auge, denn hier sind viele der alten Gründerzeitvillen erhalten geblieben und zum Teil aufwendig restauriert worden. Zum anderen aber auch für den Gaumen, denn die Dichte an Cafés, Kneipen und Restaurants ist in diesem Stadtteil besonders hoch. Um eine größtmögliche Genussvielfalt auf dieser Route bestaunen zu können, ist der ein oder andere Schlenker eingeplant worden. Also bitte nicht über die vielleicht ungewöhnlich anmutende Routenführung wundern, sondern einfach mit allen Sinnen genießen.

Der Stadtbus bringt uns zur Haltestelle an der Straße Am Kreuztor. Ein Tor ist jedoch weit und breit nicht zu sehen. Stellen wir uns aber vor, dass der bewachsene Hügel auf der anderen Straßenseite zu einer der am besten ausgebauten Stadtbefestigungsanlagen Münsters gehörte, so kommen wir der Sache schon näher. An dieser Stelle wurde das **alte Kreuztor** zum Bollwerk mit Erdwällen und Wassergräben ausgebaut. Die damalige Schanzenanlage, heute Kreuzschanze, ist in ihrer ursprünglichen Form noch zu erkennen. Der Name des Tors und später des gesamten Stadtviertels ist auf die traditionelle Kreuzprozession zurückzuführen, bei der das Kreuz vom Dom über die Kreuzstraße, durch das Kreuztor und die angrenzende Bauernschaft bis nach Kinderhaus getragen wurde.

Die Stadtmauer von Münster wurde im 18. Jahrhundert geschliffen und es entstand die heutige Promenade als Grüngürtel um die Innenstadt. Als Teil der Stadtbefestigung wurde die Kreuzschanze einige Jahre später unter Beibehaltung ihrer Form als kleiner Park angelegt.

Buddenturm

Auch der Buddenturm, auf der anderen Seite der Promenade, gehörte früher zu den Festungsanlagen der Stadt.

Sketch for a Fountain

Diese kleine Grünanlage ist unser erstes Ziel. Dazu gehen wir wenige Schritte Richtung Promenade, überqueren die Straße **Am Kreuztor** und folgen dem Fußweg in die kleine Parkanlage hinein. Auf der großen Wiesenfläche vor uns befindet sich der wohl bekannteste Brunnen Münsters. **1 Sketch for a Fountain** hat die New Yorker Künstlerin Nicole Eisenman ihren Beitrag zu den Skulptur Projekten 2017 genannt. Während der Ausstellung war die Brunnenskulptur ein beliebter Treffpunkt, aber auch Anlass für kontroverse Diskussionen. Die überdimensionalen menschlichen Figuren wurden sogar in Teilen beschädigt und beschmiert. Eine Bürgerinitiative „Dein Brunnen für Münster" hatte sich für die dauerhafte Rückkehr des Kunstwerkes und die dafür erforderlichen finanziellen Mittel ein-

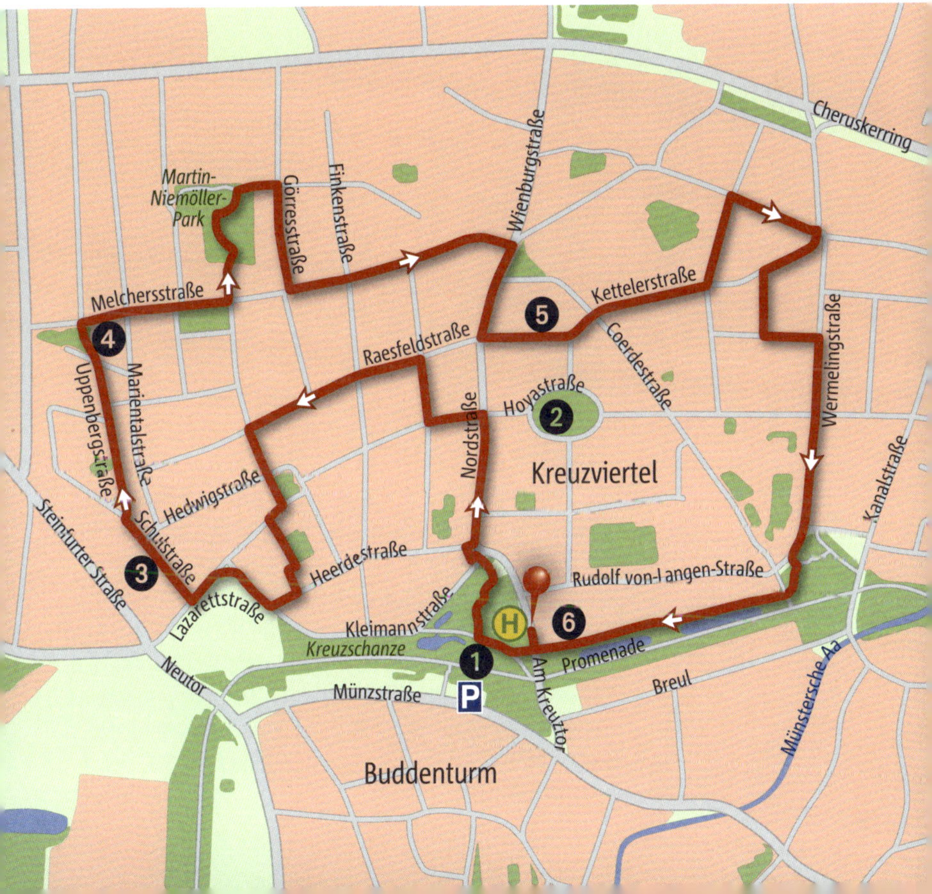

gesetzt. Erfolgreich, wie wir sehen, denn 4 Jahre nach der Ausstellung konnte die Brunnenskulptur wieder in Münster aufgebaut werden.

Wir gehen rechts an dem Brunnen vorbei, überqueren die ehemalige Schanze an der höchsten Stelle und gelangen zurück zur Straße **Am Kreuztor.** Genau auf der Ecke vor uns beginnt die **Nordstraße** und dort in Hausnummer 2 befand sich früher ein kleiner Lebensmittelladen. Das Ladenlokal besteht noch immer, nur werden dort keine Lebensmittel mehr verkauft, sondern Kaffeespezialitäten der **roestbar.** Vor mehr als 20 Jahren haben hier zwei kaffeebegeisterte Münsteraner ein Café eröffnet. Die Röstmaschine stand damals mitten im Lokal, später wurde sie aus Platzgründen ausgelagert.

Heilig-Kreuz-Kirche

Solche kleinen Ladenlokale werden uns auf diesem Spaziergang mehrfach begegnen. Denn das Kreuzviertel war früher keineswegs ein reines Wohngebiet. Bereits mit der ersten Bebauung Ende des 19. Jahrhunderts haben sich dort alte Handwerksbetriebe wie Korbmacher, Böttcher, Seiler oder Stellmacher angesiedelt. Anfang des 20. Jahrhunderts mit Ernennung Münsters zur Universitätsstadt 1902 und der Einrichtung zahlreicher Kasernen stieg der Bedarf an Wohnraum mit gehobenem Standard rasant an. Das freie Bauland am nördlichen Stadtrand von Münster wurde schnell von Professoren, Beamten, Offizieren und Geschäftsleuten entdeckt und mit prächtigen Villen und Wohnhäusern im Stil der Gründerzeit und des Jugendstils bebaut. Viele dieser Gebäude sind heute noch erhalten und stehen unter Denkmalschutz.

An der nächsten Straßenkreuzung erkennen wir rechts die 2 **Heilig-Kreuz-Kirche.** Sie wurde 1902 eingeweiht und 5 Jahre später um den markanten schlanken und achteckigen Turm ergänzt.

Rund um die Kreuzkirche findet seit mehr als 30 Jahren das Kreuzviertelfest mit viel Musik und Flaniermeile statt.

Wir verlassen die Nordstraße an dieser Kreuzung nach links und kommen zur **Gertrudenstraße.** Im Erdgeschoss zweier Eckgebäude ist heute noch ein Ladenlokal untergebracht. Im früheren Feinkost- und Lebensmittelhaus in der Gertrudenstraße 19 hat sich Herr Hase mit seiner **Kaffeebar** eingerichtet. Wir folgen der Gertrudenstraße nach rechts und biegen an der nächsten Kreuzung links ab in die **Raesfeldstraße.** Unser Spaziergang führt uns später nochmals an anderer Stelle ein Stück entlang dieser prächtigen Straße. Jetzt schlendern wir geradeaus bis zur **Wüllnerstraße** und folgen dieser nach links bis zum Studtplatz. An der zweiten Möglichkeit verlassen wir den Platz nach rechts auf der Studtstraße, um gleich wieder links in den schmalen Fußweg in einen großen Hinterhof einzubiegen. Was sich auf der Vorderseite entlang der Straßen als dichte, oft massive Häuserfront präsentiert, ist auf der rückwärtigen Seite an vielen Stellen üppig

Kaffeebar Herr Hase

Kirschblüte in der Schulstraße

grün. Kleine Gartenparzellen mit altem Baumbestand machen die Innenhöfe zu wertvollen Erholungsräumen für die Bewohner. Der Fußweg führt uns quer durch den Innenhof bis zur Heerdestraße, der wir nach rechts folgen. Bei der nächsten Möglichkeit biegen wir zunächst rechts und dann links und noch mal rechts ab.

Wir haben die 3 **Schulstraße** erreicht. Auch hier stehen prächtige mehrgeschossige Gebäude, aber was besonders beeindruckt, ist im Frühjahr die Kirschblüte. Die Allee aus mächtigen Zierkirschen bildet in diesem kurzen Straßenabschnitt im April ein Dach aus rosafarbenen Blüten über die gesamte Straßenbreite. Zusammen mit den schmuckvollen Fassaden ergibt sich ein bezauberndes Bild, das zahlreiche Fotobegeisterte aus nah und fern anlockt. Die **Kirschbaumallee** führt uns auf direktem Weg auf ein weiteres ehemaliges Ladengeschäft zu. Im Gebäude Schulstraße Ecke Hedwigstraße war früher, und früher heißt vor weit mehr als 100 Jahren, bereits eine Schankwirtschaft und ein Krämerladen. Der damalige Betreiber namens Birken findet sich heute noch im Namen der **Eckkneipe Mutter Birken** wieder.

Schloßtheater

Das Schloßtheater ist das älteste Lichtspielhaus in Münster.

Links vorbei an der traditionsreichen Gaststätte, gehen wir am nächsten Abzweig rechts entlang der Uppenbergstraße zum **Kanonierplatz.** Wir sind am 4 **Schloßtheater** angekommen. Das frei stehende Gebäude aus den 1950er-Jahren erinnert mit seiner geschwungenen Form tatsächlich an einen Theaterbau. Es beherbergt jedoch ein Kino, eines mit ganz besonderem Flair. Tickets gibt es an einem Kassenhäuschen direkt im Eingangsbereich zu kaufen. Im Foyer setzt sich die geschwungene Fassade fort. Dort kann man bei einem Glas

Wein und einem Flammkuchen oder bei Kaffee und Kuchen den Einlass in den Kinosaal genussvoll abwarten. Für viele Kinofans aus Münster und aus dem ganzen Münsterland ist das Schloßtheater das Lieblingskino. Denn neben der besonderen Atmosphäre des Gebäudes ist auch das vielfältige Programm des traditionsreichen Lichtspielhauses mehrfach preisgekrönt.

Melchersstraße

Wir spazieren rechts um das Schloßtheater herum und biegen in die **Melchersstraße** ein. Am Ende eines kleinen Spielplatzes auf der rechten Seite überqueren wir die Straße und gelangen über einen schmalen Fußweg zwischen den Häuserreihen hindurch in die rückwärtige kleine Grünanlage. Wir halten uns rechts und verlassen den kleinen Park wieder über einen schmalen Fußweg, der uns zur **Görresstraße** führt. Die Straßenbebauung besteht hier aus dicht an dicht stehenden kleineren Reihenhäusern. Sie wurden rund 20 Jahre später als die prunkvollen Villenbauten zum Beispiel an Raesfeld- oder Melchersstraße erbaut und deutlich schlichter ausgestaltet. Doch auch diese Häuser haben ihren Charme und sind auf dem Wohnungsmarkt heiß begehrt.

Rechts über die Görresstraße erreichen wir wieder die Melchersstraße, biegen dort links ab und können die reich verzierten **Gründerzeithäuser** rechts und links der Straße bestaunen. Immer geradeaus gehend, kommen wir zum **Nordplatz.** Hier wählen wir die Nordstraße nach rechts aus, sie führt uns zurück zur Raesfeldstraße, die wir bereits vom Beginn unserer Tour kennen. Beim reich verzierten Eckhaus in den Farben rosa und weiß, „erbaut 1904“ ist oben im turmartigen Erker zu lesen, biegen wir links ab. Wir sind wieder in der **Raesfeldstraße** angekommen. Sie ist übrigens nach Bernhard von Raesfeld (1508–1574) benannt, Fürstbischof des Bistums Münster von 1557 bis 1566 und nicht, wie vielleicht vermutet werden könnte, nach der Ortschaft Raesfeld im Münsterland. Gleichwohl waren dessen Vorfahren mehrere Hundert Jahre Burgherren auf Schloss Raesfeld.

Dieser erste Abschnitt der Raesfeldstraße mit den Nummern 1 bis 22 ist der vielleicht am meisten fotografierte Teil dieser prächtigen Straße. Im Erdgeschoss von **5 Raesfeldstraße 6** befand sich von 1907 bis 1989 das Kolonialwaren- und Delikatessengeschäft von Franz-Josef Henke. Bis zuletzt konnte man bei Henke frisch gerösteten Kaffee, Feinkost und Lebensmittel einkaufen. Die Ladeneinrichtung mit Regalen, Verkaufstheke, Kaffeeröstanlage sowie der Wurstschneidemaschine wurde nach Schließung des Ladengeschäfts originalgetreu im Stadtmuseum Münster wiederaufgebaut. Heute hat in Hausnummer 6 ein Atelier Platz gefunden.

Raesfeldstraße

Direkt gegenüber führt die Dettenstraße zum Kirchplatz der **Kreuzkirche,** der nahe am Ausgangspunkt unserer Tour liegt. Wir wollen jedoch noch mehr vom Kreuzviertel sehen und gehen in Fortsetzung der Raesfeldstraße bis zur Kreuzung **Coerdestraße/Kettelerstraße.** Auch hier sind in den Eckgebäuden noch ehemalige Ladenlokale erhalten. Besonders auffällig und liebevoll hergerichtet ist das ehemals als Rind und Schweine-Metzgerei Lösing genutzte Lokal an der Kettelerstraße 1. Die alten

Kacheln sind noch teilweise erhalten und verleihen dem heute dort eingerichteten Jugendstil-Bistro **eßbar** eine ganz besondere Atmosphäre.

Entlang der Kettelerstraße und weiter links entlang der Tannenbergstraße gelangen wir zur **Kerßenbrockstraße.** Der Namensgeber Hermann von Kerssenbrock (1520–1585) wurde vor allem bekannt durch sein Buch über die Wiedertäufer. Der Druck des Buches wurde damals verboten, da er sich in dem Werk beleidigend gegenüber dem Stadtrat von Münster äußerte. Er wurde danach in Paderborn und Werl sesshaft und musste auch diese beiden Städte aufgrund seiner wohl provozierenden und verunglimpfenden Autorentätigkeit verlassen. Ein unruhiger Namenspate für die doch friedliche Adresse im Kreuzviertel. Wir folgen der Straße nach rechts. Sie ist deutlich breiter angelegt als die zuvor durchwanderten. Es gibt sogar ausreichend Platz für eine Baumreihe. Dies hat sich bei Hausnummer 8 die **Finne Brauerei** zunutze gemacht. Hier kann man sich unter den alten Bäumen das vor Ort frisch gebraute Bio-Craftbeer servieren lassen.

An der nächsten Straßenkreuzung angekommen, biegen wir zunächst scharf rechts und bei der nächsten Möglichkeit links ab in die Ulrichstraße. An der folgenden T-Kreuzung gehen wir links und dann rechts in die **Wermelingstraße.** Ihrem Verlauf folgen wir geradeaus, vorbei an der Gaststätte **einsvier7** im alten Kreuzeck, bis wir die Promenade, Münsters prominenten Grüngürtel, erreichen. Hinter dem eingezäunten kleinen Bolzplatz führt uns ein Fußweg an gärtnerisch gestalteten Beeten entlang in Richtung der markanten Lindenallee der Promenade.

Nicht mehr weit und wir sind wieder am Startpunkt unseres Spaziergangs angekommen. Wir wollen jedoch nicht entlang der Lindenallee gehen, sondern auf dem weniger bekannten Fußweg zwischen Bebauung und Wassergraben parallel zur Promenade. Dieser Weg endet an der Straße **Am Kreuztor.**

Direkt an der Ecke fällt zum Abschluss noch ein besonderes Gebäude auf. Zu Beginn der Tour lag unser Augenmerk auf der gegenüberliegenden Kreuzschanze. Jetzt stehen wir direkt vor einem wuchtigen Bauwerk hinter hohen Hecken. Die 6 **Zuckervilla** oder Villa Terfloth ist nach dem erfolgreichen Lebensmittelgroßhändler Robert Terfloth benannt. Als geschäftstüchtiger Unternehmer nutzte er den neu angelegten Hafen in Münster erfolgreich für den Handel mit Zucker. Die Geschäfte liefen gut und so ließ er sich an exponierter Stelle im Kreuzviertel eine Villa bauen. Das Gebäude hebt sich mit den verwendeten wuchtigen Quadersteinen und zylinderförmigen Türmen deutlich von den anderen Prachtbauten im Kreuzviertel ab. Terfloth beauftragte dafür den aus Münster stammenden, international tätigen Architekten Cazin. Von 1905 bis 1928 wohnte Terfloth in dieser märchenschlossartigen Villa. Es folgte eine bewegte Geschichte bis zur heutigen privaten Wohnnutzung, aber die Bezeichnung Zuckervilla ist bei den Münsteranern bis heute erhalten geblieben.

Zuckervilla

5

Start/Ziel: Bushaltestelle Stadtwerke/Hafen
Länge: ca. 7,5 Kilometer
Dauer: ca. 3 Stunden
ÖPNV: Haltestelle Stadtwerke/Hafen
Parken: Parkhaus Stadthaus 3, Kiesekamps Mühle 1, 48155 Münster

UNTERWEGS ENTDECKT

1. Stadthafen
2. Kunsthalle Münster
3. Bennohaus
4. Kleingärten
5. Messe und Congress Centrum Halle Münsterland
6. Jovel Music Hall
7. Hawerkamp
8. Wolfgang Borchert Theater

ESSEN + TRINKEN

Auf beiden Seiten des Hafenbeckens laden zahlreiche Lokale zum gemütlichen Verweilen mit Blick aufs Wasser ein.
Zum zweischneidigen Pferd, Wolbecker Straße 136, 48155 Münster, Tel. (02 51) 74 82 95 76, zumzweischneidigenpferd.de (vegane Spezialitäten – vom klassischen Cappuccino bis zur kreativen Pizza)

AM HAFEN

Kreativkai und Szenekultur

Mit dem Bau des Dortmund-Ems-Kanals 1899 erhielt die Stadt einen Hafen und damit einen Güterumschlagplatz zu Wasser mitten im Münsterland. Noch immer finden sich rund um das Hafenbecken markante Überreste der ehemaligen Nutzung. Heute wird der Hafen Kreativkai genannt und ist mit seiner Mischung aus restaurierten Speicherhäusern und modernen Architekturbauten angesagte Adresse für Büros aller Art. Zahlreiche Gastronomiebetriebe, die Kunsthalle Münster, das Wolfgang Borchert Theater und der B-Side Kulturverein haben hier ihren Platz gefunden.

Unser Spaziergang beginnt an der Haltestelle Stadtwerke/Hafen direkt am **Hafenplatz,** der uns zu Münsters **1 Stadthafen** führt. Rechts türmt sich der Rundbau des ehemaligen Kohlebunkers auf, der heute als Wärmespeicher von den Stadtwerken Münster genutzt wird. Aufgereiht entlang der Hafenpromenaden stehen restaurierte alte Hafengebäude und moderne Bürobauten.

Jeden Sommer stürzen sich mehr als 2000 Athleten ins Wasser des Hafenbeckens beim Sparda Münster City Triathlon.

Wo früher Getreide und Holz umgeschlagen wurden, ist heute Schlendern angesagt. Bänke und Sitzmauern entlang des Hafenbeckens laden zum Verweilen ein und auf den Außenterrassen der Bars und Cafés mit Blick auf das Was-

Stadthafen

Kunsthalle Münster

ser herrscht ein reges Treiben. Wir wählen die linke Hafenbeckenseite und spazieren entlang der Promenade bis zur Kunsthalle. Auf der gegenüberliegenden Hafenbeckenseite erkennen wir auf Höhe des alten Krans das Wolfgang Borchert Theater, ein Stück weiter die **Hafenkäserei, FINNE Hafenbrauerei, B-Side** und Vollkornbäckerei **cibaria.** Dort werden wir am Ende unseres Spaziergangs entlangkommen.

Auf Höhe der Kunsthalle ist aktuell das Ende der Promenade erreicht und wir wechseln auf den parallel verlaufenden Hafenweg. Kunstinteressierte sollten jedoch zuvor den Abstecher in die 2 **Kunsthalle Münster** im Speicher II machen. In dem historischen Industriegebäude befinden sich neben den Ausstellungsräumen für internationale zeitgenössische Kunst auch eine Werkstatt und mehr als

Coppenrath Verlag

30 von der Stadt Münster geförderte Ateliers für junge Künstlerinnen und Künstler.

Zwischen Kunsthalle und Hot Jazz Club hindurch gelangen wir zum **Hafenweg,** dem wir nach rechts folgen. Wir sind nun auf der Rückseite der Kunsthalle, die hier mit verspielten Details auffällt. Bei genauem Hinsehen entdecken wir oberhalb einer Rampe mehrere kleine Tierfiguren auf kleinen Mauerabsätzen. Hier ist die Handschrift des **Coppenrath Verlags** zu erkennen, der an dieser Stelle seit 1999 seinen Sitz hat. Das Familienunternehmen aus Münster ist unter anderem mit den Kinderbüchern „Hase Felix“ und „Prinzessin Lillifee“ weit über die Stadt- und Landesgrenzen hinaus bekannt geworden.

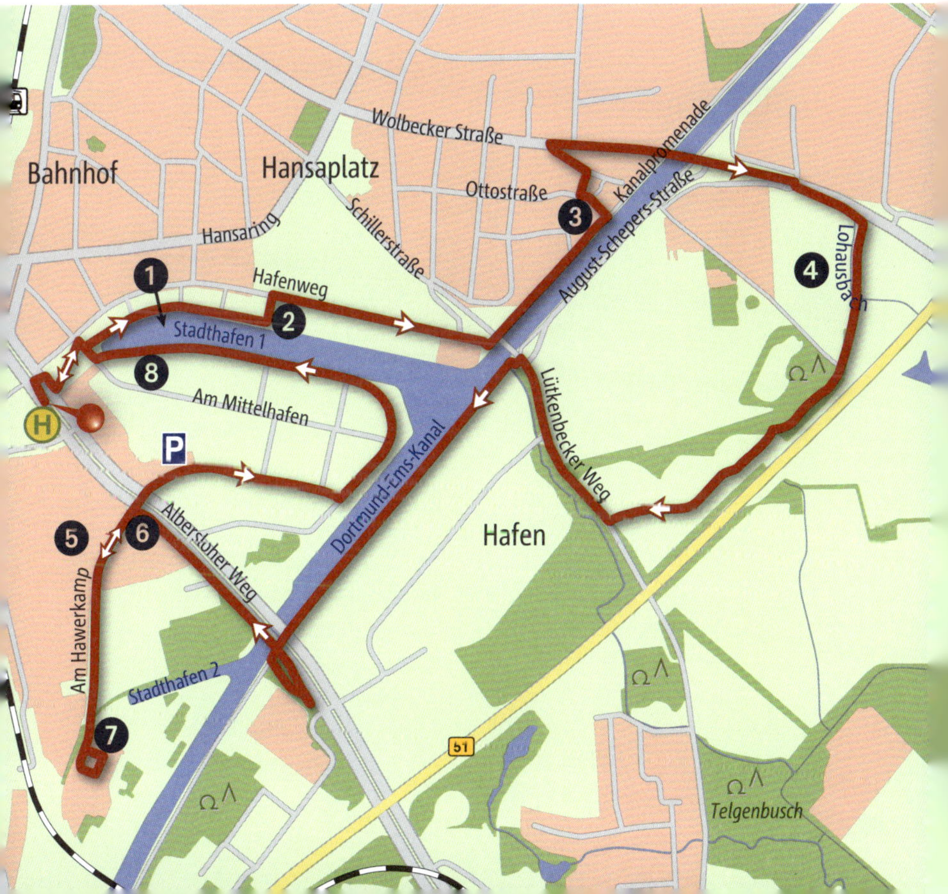

Kanalufer

Wir passieren eine Baustelle, halten uns geradeaus und gelangen ans Ende des Hafenbeckens am Dortmund-Ems-Kanal. Dort spazieren wir links unter der **Kanalbrücke Schillerstraße** hindurch und folgen der Kanalpromenade am Spielplatz vorbei bis zum 3 **Bennohaus.** Es ist an dem breiten befestigten Zugang zum Kanalufer zu erkennen. Denn hier war viele Jahre lang der Ruderverein Münster 1882 e. V. zu Hause und hat seine Ruderboote zu Wasser gelassen. Was als Bootshaus des Rudervereins begann, ist heute ein soziokultureller Stadtteiltreff mit einem breiten Qualifizierungsangebot im Bereich Medien und Kultur. Nicht selten sind auf den Straßen im direkten Umfeld des Bennohauses Gruppen mit Kamera und Mikrofon anzutreffen, die an einem Filmbeitrag oder einer Live-Reportage arbeiten.

Bennohaus

Unser nächstes Ziel ist die Kanalbrücke Wolbecker Straße. Zunächst gehen wir links unter dem Bennohaus hindurch, nach dem Spielplatz rechts in die Bennostraße und gleich wieder links in die Liboristraße. Auf geradem Weg erreichen wir die **Wolbecker Straße.** Wasser macht bekanntlich hungrig, auch der reine Anblick, deshalb bietet sich hier für eine erste Stärkung die Einkehr im **Zweischneidigen Pferd** an. Die Szenegastronomie befindet sich zwei Häuser stadteinwärts direkt an der Wolbecker Straße.

Kleingärten

Zurück über die Kanalbrücke gelangen wir in die 4 **Kleingärten** auf der gegenüberliegenden Kanalseite. Dafür biegen wir nach der Brücke an der ersten Möglichkeit rechts und sofort wieder links ab. Über den kleinen Parkplatz der Kleingartenvereine spazieren wir zunächst parallel zur Wolbecker Straße. Rechter Hand befinden sich die ersten Gärten dieser großen Kleingartenanlage. Sie umfasst mehr als 400 Gartenparzellen und wird von sechs Vereinen organisiert. Stadtnah und direkt am Kanal gelegen, meistens inklusive eines mehr oder weniger kleinen Gartenhäuschens, sind diese Kleingärten bei den Münsteranerinnen und Münsteranern heiß begehrt. Nur mit Glück oder nach langer Wartezeit kann eine freie Parzelle ergattert werden.

Auf Höhe des Lohausbaches, an der ersten Möglichkeit rechts, führt uns ein bequemer Fußweg entlang der Gärten quer durch die gesamte Anlage. Der Weg endet an der Fahrradstraße **Lütkenbecker Weg,** der wir nach rechts folgen, bis wir wieder oben an der **Kanalbrücke Schillerstraße** ankommen. Wir überqueren jedoch den Kanal nicht, sondern nehmen die Treppe vor der Brücke links hinab zur Kanalpromenade. Direkt unterhalb der Treppenanlage liegt links ein weiteres Bootshaus, dieses Mal gehört es zur Akademischen Ruderverbindung Münsters. Rechts öffnet sich der Blick direkt in den **Stadthafen** von Münster, fast bis zum

Zum zweischneidigen Pferd

Hafenplatz, dem Startpunkt unseres Spaziergangs. Wir schlendern entlang des Kanalufers bis zur nächsten Brücke. Linker Hand grenzen großflächige Gewerbebauten bis an die Kanalpromenade heran. Rechts über den Kanal hinweg können wir das Gewerbegebiet am Mittelhafen schon mal in Augenschein nehmen. Später spazieren wir genau dort hindurch.

Der riesige Turm der Feuerwache II am Albersloher Weg dient als Übungsobjekt für die Aus- und Fortbildung.

Die nächste Kanalbrücke unterqueren wir, um dann links über eine Rampe hoch auf die Straße **Albersloher Weg** zu gelangen. Dieser Weg führt uns über den Kanal Richtung Hafenplatz. Bevor wir jedoch zum Startpunkt zurückkehren, wollen wir noch mehr vom Hafengebiet erkunden und biegen an der nächsten großen Ampelkreuzung links ab. Vor uns liegt das 5 **Messe und Congress Centrum Halle Münsterland** mit mehreren Messehallen und diversen Sälen und Tagungsräumen. Für Konzerte international bekannter Musikbands können in der Großen Halle bis zu 10.000 Personen Platz finden. Von Reitturnieren über Karnevalssitzungen, Messen wie Veggienale oder Doglive bis zu Ärztekongressen und Parteitagen finden hier vielfältige Veranstaltungen statt.

Messe und Congress Centrum Halle Münsterland

Direkt gegenüber auf der Ecke in dem markanten pavillonähnlichen Gebäude befindet sich die **6 Jovel Music Hall.** In Münster wird sie einfach nur Jovel genannt, was von dem Masematte-Wort *jovel* für gut abgeleitet ist. Das Jovel ist eine feste Institution in Münster und Umgebung. Es wurde 1979 von Steffi Stephan gegründet, dem Bassisten und Gründungsmitglied des Panikorchesters von Udo Lindenberg. Nach mehreren Umzügen konnte das Jovel im denkmalgeschützten früheren Opel-Autohaus, dem Kiffe-Pavillon, Platz finden. Zahlreiche namhafte internationale Künstler gaben hier schon Konzerte, darunter selbstverständlich auch Udo Lindenberg zusammen mit dem Jovelgründer Steffi Stephan.

Jovel Music Hall

Zwischen Messehallen und Jovel hindurch führt uns der Weg zum **7 Hawerkamp.** So wird das Gelände auf den ehemaligen Flächen einer traditionsreichen Baufirma am Hafen bezeichnet. Nachdem das Unternehmen 1988 den Betrieb aufgeben musste, wurden die Industriehallen an Künstler und Clubs vermietet. Daraus entwickelte sich schnell eine vielfältige Kulturszene, die heute weit über die Region hinaus Beachtung findet. Was einst kritisch beäugt wurde, wird heute auch von ehemaligen Skeptikern stolz präsentiert. Auf dem Gelände sind über 50 Künstler, Handwerker, Clubs und Konzertveranstalter, soziokulturelle Vereine und mehr tätig. Hier wird Theater in alten Werkhallen geboten, werden Konzerte in Schrauberwerkstätten und Partys in ehemaligen Lagerhallen oder Lokschuppen gefeiert, alles mit dem ganz besonderen Charme der alten Industrieanlagen. Es lohnt sich also, den 5-minütigen Abstecher bis zum Hawerkamp zu machen und sich dort umzuschauen. Vielleicht findet ja auch gerade eine der vielen Veranstaltungen statt oder wir lassen uns

Hawerkamp

Wolfgang Borchert Theater

einfach nur von der besonderen Atmosphäre und den zahlreichen Graffitis inspirieren, die es dort zu entdecken gibt.

Zurück vom Hawerkamp überqueren wir an der Ampelkreuzung am Jovel den **Albersloher Weg** und spazieren geradeaus in das gegenüberliegende Gewerbegebiet hinein. Die Straße führt uns auf direktem Weg zurück zum Dortmund-Ems-Kanal. Wir stehen nun auf der Kanalseite, die wir bereits zuvor von der gegenüberliegenden Seite aus betrachten konnten. Wir folgen dem Kanalufer nach links bis zum Hafenbecken und haben den Startpunkt unseres Spaziergangs fast erreicht. Noch wird hier fleißig an der Hafenpromenade gebaut. Bis die Planungen umgesetzt sind, nutzen wir die Straße **Am Mittelhafen,** die parallel zum Hafenbecken verläuft. Über Stichstraßen können wir zur Hafenpromenade gelangen. Dort entdecken wir zunächst das markante holzvertäfelte Gebäude der **Schaubäckerei cibaria,** der Bio-Vollkornbäckerei aus Münster mit ihrer Backstube direkt am Hafenbecken. Hier werden seit fast 35 Jahren hochwertiges Biobrot und Biobackwaren in traditioneller Handarbeit hergestellt aus 100 Prozent ökologischen Rohstoffen. Über ein trichterförmiges großformatiges Fenster auf der Hafenseite können wir direkt in die Backstube hineinschauen.

Direkt daneben, in einem der ältesten Gebäude am Hafen, dem ehemaligen Hill-Speicher, wurde 2016 der **B-Side Kultur Verein** gegründet und hat dort ein soziokulturelles Quartierszentrum entwickelt. Seit 2023 stehen frisch sanierte Räume für Kreativität aller Art zum Kennenlernen, Diskutieren und Feiern bereit. Alle Aktivitäten des Vereins erfolgen im Ehrenamt und auf Grundlage des Bottom-up-Prinzips. Das offene Quartiers-Wohnzimmer mit Dachterrasse lädt die Kulturschaffenden, Nachbarn und Besucherinnen zum kreativen Austausch ein. Im Erdgeschoss ist der Ruderverein Münster 1882 e. V. eingezogen, der größte und älteste Ruderverein der Region. Mit etwas Glück können wir beobachten, wie die Ruderboote zu Wasser gelassen werden.

Wenige Gebäude weiter befindet sich die **Hafenkäserei.** Hier werden ausgefallene Biokäse kreiert mit so klangvollen Namen wie „Munterer Matrose“ oder „Käpt’n Pauli“. Alle Käsesorten werden von Hand gekäst, affiniert und gepflegt und wir können sogar dabei zuschauen. Im selben Gebäude befindet sich auch die **FINNE Hafenbrauerei** mit ihrem neuen Sudhaus. Sie lädt zu frisch gezapftem Biobier direkt an der Hafenkante ein.

Und noch ein denkmalgeschütztes Speichergebäude steht auf der Südseite des Hafenbeckens, ganz am Ende auf Höhe des alten Krans. Der **Flechtheimspeicher** aus dem Jahr 1899 ist nach der Erbauerfamilie Flechtheim benannt, damals Getreidehändler am Hafen. Seit 2014 ist in diesem alten Speicher und dem angrenzenden zehngeschossigen Rhenusspeicher das 8 **Wolfgang Borchert Theater** zu Hause, eines der ältesten Privattheater Deutschlands. Der

Hafenkran ist nicht nur das Wahrzeichen des Münsteraner Hafens, sondern auch im Logo des Theaters abgebildet. Noch bis 2007 diente der Flechtheimspeicher als Getreidelager. Heute werden hier fast 300 Vorstellungen im Jahr gezeigt. Das feste eigene Ensemble, zahlreiche Kooperationen und die gewachsene internationale Zusammenarbeit mit Theatern und Regisseuren anderer Länder zeichnen die Arbeit des Wolfgang Borchert Theaters aus.

Vom Theater aus sind wir nach wenigen Schritten wieder am **Hafenplatz** angekommen, dem Ausgangspunkt unseres Spaziergangs. Zum Abschluss bietet sich die Einkehr in einen der zahlreichen Gastronomiebetriebe am Hafenbecken an, um mit Blick auf das Wasser und die Hafenarchitektur den Rundgang genüsslich nachwirken zu lassen.

DER HAWERKAMP IST KULT IN MÜNSTER!

Hawerkamp ist ein Flurname aus alten Zeiten und heißt so viel wie Haferfeld. Heute ist kaum mehr vorstellbar, dass an diesem von Industrie und Kunst geprägten Ort einmal Getreide angebaut wurde.

Der **Hawerkamp 31 e. V.** ist ein Mietverein, der sich in Selbstverwaltung ohne Gewinnmaximierung um den Erhalt der Anlage kümmert. Oberstes Ziel ist die Förderung von Kunst und Kultur auf dem Gelände.

Für eines der **Künstlerateliers** wird jährlich vom Verein Hawerkamp 31 e. V. ein Stipendium für junge Künstlerinnen und Designer ausgelobt, zur Förderung des kreativen Nachwuchses aus Münster und Umgebung.

Das **Erhaltet den Hawerkamp Festival** findet jährlich statt und zieht Tausende Besucherinnen und Besucher aus nah und fern an. Der Verein lädt an einem Abend zu einem Preis zu Konzerten, Kunst, Party und internationaler Kulinarik ein.

Die **Offenen Ateliers am Hawerkamp** sind ebenfalls eine feste Veranstaltung in Münster und Umgebung. Die Künstlerinnen und Künstler der freien Kunstszene öffnen an diesem Tag ihre Räume für Besucher und stehen für Fragen zur Verfügung. Die Werkstattatmosphäre zu schnuppern und Kreativität zu erspüren ist für viele ein besonderes Erlebnis.

Kamp-Flimmern heißen die beliebten Kinonächte am Hawerkamp. Den ganzen Sommer über laufen wöchentlich unter freiem Himmel Arthouse-Filme, Musik-Dokus und ein Publikumswunschfilm. Grillgut bringen die Besucher selbst mit, Grills und Soßen – auch vegetarisch und vegan – werden gestellt. Die Kinoparty ist sicher!

Hafengastronomie

6

Start/Ziel: Bushaltestelle Landgericht/Schlossplatz Süd
Länge: ca. 7 Kilometer
Dauer: ca. 3 Stunden
ÖPNV: Haltestelle Landgericht/Schlossplatz Süd
Parken: Parkplatz Schlossplatz Süd oder Parkplatz Lindenhof, Himmelreichallee 40, 48149 Münster

UNTERWEGS ENTDECKT

1. Tuckesburg
2. Hüfferstift
3. Medizinische Fakultät
4. Arzneipflanzengarten
5. Leonardo-Campus
6. Kapuzinerklostergarten
7. Schloss

ESSEN + TRINKEN

Mensa am Ring, Domagkstraße 61, 48149 Münster, Tel. (02 51) 83 70, stw-muenster.de/gastronomie-standorte/mensa-am-ring (quirlige Studentenatmosphäre; vegetarische und vegane Angebote, Salatbar und Dessertbuffet)
Mensa Da Vinci, Leonardo-Campus 8, 48149 Münster, Tel. (02 51) 83 70, stw-muenster.de/gastronomie-standorte/mensa-da-vinci (großzügige Sonnenterrasse)
Café-Bistro 21 Ost, Albert-Schweitzer-Campus 1, 48149 Münster, ukm.de/21-ost (Dachterrasse auf dem Ost-Turm der Uniklinik mit herrlichem Rundumblick)

RUND UM DIE UNIVERSITÄT

Wissenschaft und Lehre

Münster ist bekannt für seine Hochschulen und beliebter Studienort. Die vielen Fachbereiche mit ihren Instituten sind auf die ganze Stadt verteilt. Ein Schwerpunkt liegt jedoch hinter dem Schloss im Westen des Zentrums. Hat man keine Berührung zu Uni oder Fachhochschule, sind diese Areale weniger im Blickpunkt. Das soll sich mit diesem Spaziergang ändern. Begeben wir uns also auf die Spuren der Universität, der Fachhochschulen und zweier Kleinode, die mit einer anderen Art der Lehre in die Stadtgeschichte eingegangen sind: der Kapuzinerklostergarten und der alte Zoologische Garten mit der Tuckesburg.

Unser Startpunkt liegt nah am Münsteraner Schloss, das monumentale Gebäude mit seinem schönen Garten sparen wir uns jedoch für den Schluss unseres Spaziergangs auf. Von der Bushaltestelle aus überqueren wir die **Gerichtsstraße** und gehen wenige Schritte nach links auf dem Promenadenring. Bei der ersten Möglichkeit biegen wir rechts ab auf einen schmalen Fußweg entlang des Kastellgrabens. Er führt uns direkt zur **1 Tuckesburg,** einem burgenähnlichen Gebäude auf einer kleinen Anhöhe. Hier lebte der über Münsters Grenzen hinaus bekannte und legendäre Professor Hermann-Landois. Priester und Lehrerberuf hatten ihn nicht ausgefüllt, er wollte lieber in der Forschung aktiv werden. Zunächst gründete er den Westfälischen Verein für Vogelschutz, Geflügel- und Singvogelzucht, später, 1875, folgte die Gründung des ersten Westfälischen Zoologischen Gartens in Münster und der Bau seines ungewöhnlichen Wohnsitzes, der Tuckesburg, vor der wir soeben stehen.

Tuckesburg

Das **alte Zoogelände** liegt links von uns. Heute erinnert nur noch die weite Grünfläche mit altem Baumbestand und Reste des Eulenhauses an die damalige Nutzung.

Früherer Zooeingang

Das Gebäude des ehemaligen Museums für Naturkunde beherbergt mittlerweile die Westfälische Schule für Musik der Stadt Münster. Direkt hinter der Tuckesburg erkennen wir einen alten Torbogen, dort befand sich ein Nebeneingang zum Zoo, der damals direkt zum Löwenhaus führte. Von den aufwendig gestalteten Zoogebäuden ist heute leider nichts mehr zu sehen. Der erste Zoo der Stadt Münster, hier an dieser Stelle, wurde 1973 geschlossen und durch den moderneren und geräumigeren Allwetterzoo ersetzt. Landois war zu der Zeit bereits rund 70 Jahre tot. Er hinterließ über 1000 naturwissenschaftliche Schriften, Romane und Gedichte in münsterländischem Plattdeutsch. Seine Erfindung, die Landoisklappe, ist heute noch vielerorts üblich. Tiere können mithilfe der Klappe eigenständig zwischen Freigehege und Käfig wechseln.

Wir verlassen das alte Zoogelände, gehen am Torbogen links und bei der nächsten Möglichkeit rechts über die Straße und folgen der **Landoisstraße** geradeaus. Sie führt uns zum 2 **Hüfferstift** an der Ecke Robert-Koch-Straße, Hüfferstraße. Das große, im Winkel gebaute Haus wird für die Verwaltung der Fachhochschule Münster genutzt. In dem denkmalgeschützten Gebäude war 80 Jahre lang die orthopädische Klinik Hüfferstiftung untergebracht. Der Stiftungsgründer Wilhelm Hüffer verfolgte das Ziel, orthopädische Krankheiten,

Direkt gegenüber dem alten Zoogelände befindet sich der Zentralfriedhof mit historischen Grabmalen Münsteraner Bürger.

insbesondere der unteren Bevölkerungsschicht, zu behandeln und zu heilen. Es war ihm ein besonderes Anliegen, die Teile der Bevölkerung zu versorgen, die sich eine ärztliche Behandlung nicht leisten konnten. 1983 erfolgte mit der Fertigstellung des Zentralklinikums Münster der Umzug in modernere Räume.

Wir folgen der **Robert-Koch-Straße** geradeaus in Fortsetzung der Landoisstraße. Rechts der Straße fallen uns Neubauten mit streng gegliederten Fassaden auf. Sie gehören zum neuen Hüffer-Campus, einem modernen Zentrum der theologischen Forschung. Hier werden die Fakultäten der evangelischen, katholischen und islamischen Theologie an einem Standort gebündelt. Es entsteht Europas größte gemeinsame theologische Bibliothek an einer

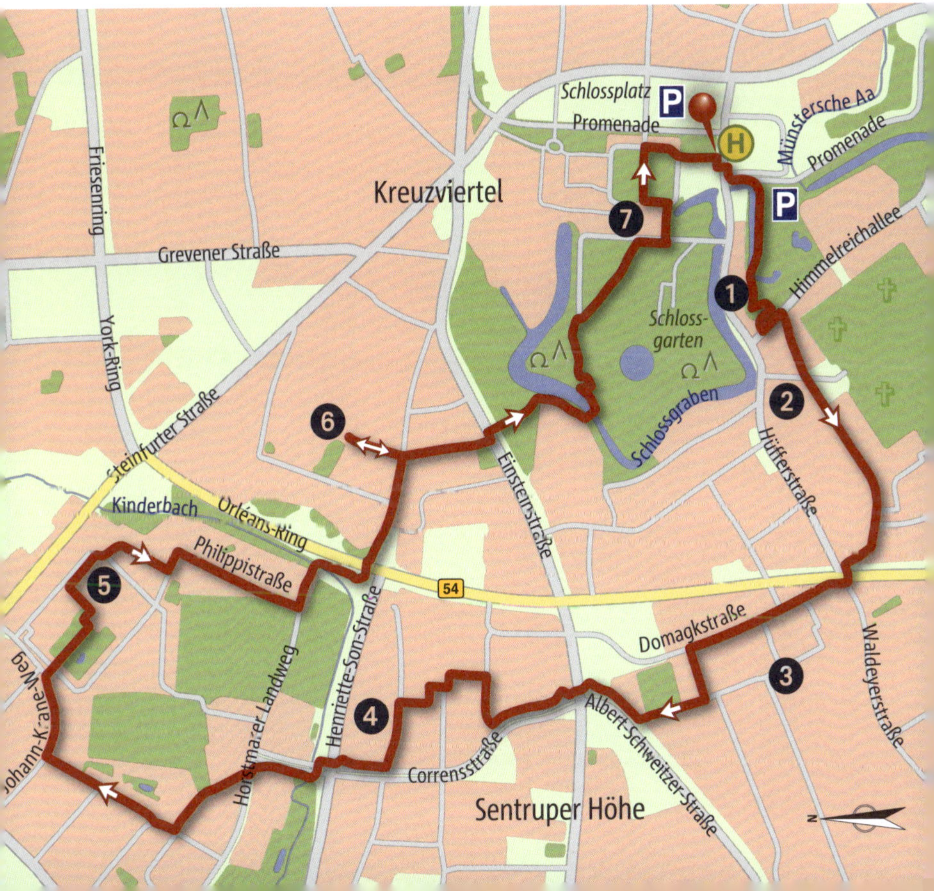

Hüfferstift

Universität. Auch die Fachhochschule erhält neue Gebäudeteile, die direkt an das Hüfferstift angebunden werden. Mit der geplanten Eröffnung im Jahr 2026 wird hier ein modernes Forschungszentrum für rund 3200 Studierende entstehen, mit begrünten Dächern und energiesparendem Fernwärmenetz. In der Tiefgarage wird, für Münster fast selbstverständlich, Parkraum für mehr als 1000 Fahrräder geschaffen.

Die Robert-Koch-Straße endet als Sackgasse an der vierspurigen Bundesstraße 54, dem **Kardinal-von-Galen-Ring.** Ein Fußweg führt uns zu der großen Straßenkreuzung, die wir zweimal an Fußgängerampeln überqueren können. So gelangen wir diagonal auf die gegenüberliegende Seite der Kreuzung und befinden uns direkt vor dem Areal des Universitätsklinikums Münster. Areal ist wohl die richtige Bezeichnung, denn hier verteilen sich Kliniken, Institute, Forschungsabteilungen und Verwaltung auf einem sehr weitläufigen Gelände. Rund 120 Professorinnen und Professoren und rund 3000 Studierende lehren und lernen an der 3 **Medizinischen Fakultät.**

Nach wenigen Schritten entlang der breiten Bundesstraße biegen wir links ab in die **Domagkstraße** und sind schon mittendrin. Die Unfallstation der Universitätsklink auf der linken Seite liegt bereits hinter uns, es folgt das Institut für Epidemiologie und Sozialmedizin. Historische Gebäude mit Klinkermauerwerk und zum Teil aufwendig gestalteten Details an Türen und Fenstern wechseln sich ab mit modernen Bauten. Dazwischen sind immer wieder die sogenannten Bettentürme der Universitätsklinik zu sehen. Mit ihren 21 Etagen sind sie weithin sichtbar und zum Wahrzeichen des Zentralklinikums geworden. Auch hier wird gebaut: Auf der rechten Straßenseite entsteht der neue Forschungscampus der Universitätsmedizin Münster mit modernen, fachübergreifenden Forschungsmöglichkeiten.

Medizinische Fakultät

Hinter der Klinik für Augenheilkunde verlassen wir die Domagkstraße nach links und gehen zwischen dem Institut für Pathologie und der Augenklinik hindurch bis zur nächsten Querstraße. Hier biegen wir rechts ab, kommen an dem kleinen **Lindenpark** auf der rechten Straßenseite vorbei und verlassen nun den Klinikbereich geradeaus zur **Albert-Schweitzer-Straße.** Dieser Straße folgen wir nach rechts zur nächsten großen Ampelkreuzung. Halb rechts vor uns sehen wir die **Mensa am Ring,** die größte Mensa in Münster. Hier wird nicht nur für das leibliche Wohl gesorgt, es finden auch Modeflohmärkte, Tanzbälle und mehr statt.

Wir überqueren die Ampelkreuzung geradeaus und spazieren entlang der **Correnssstraße** weiter. Dort befinden sich die Gebäude der Fachbereiche Physik, Chemie und Pharmazie. An der ersten Möglichkeit gehen wir nach

Artischockenblüte im Arzneipflanzengarten

rechts in die **Wilhelm-Klemm-Straße** und direkt nach dem ersten Gebäude, dem Physikalischen Institut, erneut nach links. Der Fußweg führt uns an einem Hörsaalgebäude vorbei und rechts über einen kleinen Parkplatz an den eher sachlich gehaltenen Gebäuden der chemischen Institute entlang wieder zur **Corrensstraße.** Direkt vor uns blicken wir auf das Institut für Pharmazeutische und Medizinische Chemie. Links daneben liegt der neu gestaltete und 2018 eröffnete 4 **Arzneipflanzengarten** der Universität. Hier finden für die Studierenden der Lebensmittelchemie und der Pharmazie botanische Kurse und Exkursionen statt. Der Garten ist werktags auch für interessierte Besucherinnen und Besucher geöffnet. Auf Anfrage werden bei individuellen Gartenführungen die Arzneipflanzen gezeigt und ihre Verwendung erläutert. Öffentliche Termine sind auf der Internetseite der Uni Münster zu finden.

Wir verlassen den naturwisenschaftlichen Uniberich auf der Corrensstraße nach links. An der mehrspurigen Straße biegen wir rechts ab. Das Institut für Geoinformatik mit seinen markanten lindgrünen Fassadenelementen lassen wir links liegen und überqueren die Ampelkreuzung geradeaus.

Am **Horstmarer Landweg** angekommen, folgen wir auf der gegenüberliegenden Straßenseite der im spitzen Winkel abzweigende Straße nach rechts in das Wohngebiet hinein. Nicht wundern, auch diese Straße heißt Horstmarer Landweg. Auf der rechten Seite sehen wir Studentenwohnheime und direkt dahinter ein Fitnessstudio für Studierende und Beschäftigte der Hochschulen, den Campus Gym. Sportanlagen der Universität und Gebäude des Instituts für Sportwissenschaft schließen sich an. Wir folgen jedoch der Straße weiter bis zur Wohnstraße **Rudolf-Harbig-Weg.** Dort zweigen wir rechts ab und in der Straßenbiegung wieder rechts auf einen Fuß- und Radweg. Entlang moderner Gewerbebauten, Wohngebäuden und einer Kindertagesstätte gelangen wir zum **Johann-Krane-Weg.**

Rechter Hand, in dem schwungvoll gebauten mehrteiligen Haus, ist die Bereichsbibliothek Gesundheit und Sozialwesen der Fachhochschule untergebracht. Hinter dem kleinen Parkplatz spazieren wir rechts zwischen einer

Leonardo-Campus

Kapuzinerkloster

Gebäudereihe hindurch und gelangen auf eine Baumallee, die uns auf den 5 **Leonardo-Campus** führt.

An der Allee befindet sich der Campusgarten GrüneBeete, ein Gemeinschaftsgarten und sozialer Treffpunkt für alle Bürgerinnen und Bürger Münsters.

Was sich heute als ein modernes Universitätszentrum mit Schwerpunkt Kunst, Design und Architektur darstellt, wurde um 1900 als Kavallerie-Kaserne erbaut. Nach Kriegsende 1945 war es neben der Bundeswehr vor allem die Westfälische Reit- und Fahrschule, die das Gelände, insbesondere die Reithalle und die Stallungen, nutzte. Später nach Abzug der Bundeswehr wurde das Kasernengelände Münsters Hochschulen zur Verfügung gestellt.

Das Ergebnis sehen wir vor uns liegen, links der Allee der Neubau des Fachbereichs Design und geradeaus vor uns der eigenwillige Neubau der Kunstakademie. Wenige Schritte weiter erkennen wir rechts die **historischen Stallgebäude.** Heute sind dort Ateliers für die Studierenden untergebracht und Modellbauwerkstätten des Fachbereichs Architektur. Für uns Besucher besteht an speziellen Öffnungstagen die Möglichkeit, in die Ateliers reinzuschnuppern und uns von den vielfältigen Arbeiten der Studierenden inspirieren zu lassen. So lädt die Kunstakademie Münster jedes Jahr zum traditionellen Rundgang ein, mit einer großen Jahresausstellung der Studierenden. Der Fachbereich Design öffnet seine Türen zum Design-Parcours mit einer Ausstellung der Bachelor- und Masterarbeiten.

Wir schlendern gemütlich über das Campus-Gelände. Links von der Kunstakademie kommen wir an der ehemaligen Kantine vorbei, damals nach Vorschrift getrennt in eine Mannschaftskantine im Erdgeschoss und eine Offizierskantine im Obergeschoss. Heute ist dort, für alle Besucherinnen und Besucher auf einer Etage, die **Mensa Da Vinci** untergebracht. Wir erreichen einen baumbestandenen Platz. Vor uns liegen die ehemaligen Mannschaftsgebäude, die heute den Fachbereich Architektur beherbergen. Das gläserne Foyer und die Verbindungsbrücke aus Stahlbeton und Glas stammen aus Entwürfen der Studierenden und Professoren des Fachbereichs Architektur.

Wir spazieren weiter nach rechts an der Bibliothek vorbei und verlassen nun den Campus. Dazu gehen wir nach der Bibliothek erneut rechts, die nächste Möglichkeit links und gelangen durch das große Tor auf die **Philippistraße.** Dieser Straße folgen wir nach rechts bis zum Ende. Links kommen wir über eine Brücke zum **Orléans-Ring** und weiter rechts zu einer großen Ampelkreuzung. Hier nehmen wir die erste Fußgängerampel links Richtung Stadtzentrum. An der ersten Möglichkeit rechts geht es zurück zum Schloss. Doch zuvor wartet noch eine Station auf uns, der 6 **Garten des Kapuzinerklosters.** Wir biegen deshalb nicht nach rechts ab, sondern nach links in die **Jessingstraße.** Am Ende der Wohnstraße befindet sich der Eingang zum Garten.

Von dem Laubengang aus blicken wir über eine Blütenwiese auf erste **Gemüsebeete** und einen kleinen Sitzplatz am **Wasserbecken.** Es folgen zahlreiche weitere Gemüse- und Kräuterbeete, Beerensträucher und Obstbäume. Die Gartengröße lässt erahnen, wie viel Gärtnerarbeit hier erforderlich ist. Noch bis 2015 konnte die Klosterküche mit

Klostergarten

frischem Obst und Gemüse aus dem eigenen Garten versorgt werden. Heute steht der Ertrag nicht mehr im Vordergrund, sondern der Erhalt alter Sorten. Seit 2018 wurde der Garten zu einem Ort der Begegnung mit der Natur und der Schöpfung umgestaltet und der Öffentlichkeit zugänglich gemacht. Regelmäßig finden Führungen und Workshops zu ökologischen Zusammenhängen und spirituelle Angebote im Klostergarten statt. Das alles wird durch die Interessengemeinschaft Kapuzinerklostergarten Münster ermöglicht, die speziell für den Erhalt dieser grünen Oase gegründet wurde.

Ausgeruht verlassen wir den Klostergarten an derselben Stelle, an der wir ihn betreten haben. Wir gehen die **Jessingstraße** zurück und geradeaus über die Försterstraße in den **Schlosspark.** Links auf der Wiese leuchtet uns die bunt besprühte Skulptur des Künstlers Herman de Vries entgegen. „Sanctuarium" bedeutet so viel wie heiliger, unantastbarer Raum. Hier bleiben wir als Betrachter außen vor, innen darf die Natur walten. Nur durch vier kleine ovale Maueröffnungen können wir hineinschauen.

Entlang des Schlossgrabens führt ein schöner Fußweg rund um den Botanischen Garten.

Unser Weg führt direkt zum **Schlossgraben,** dem wir nach rechts folgen, um ihn nach wenigen Metern überque-

Sanctuarium

6 RUND UM DIE UNIVERSITÄT

Münsteraner Schloss

ren zu können. An dieser Stelle sind ausnahmsweise im sonst flachen Stadtgebiet wenige Höhenmeter zu überwinden. Nach der Brücke gehen wir zunächst links, dann jeweils die erste Möglichkeit rechts hinauf, abermals links und nochmals rechts stetig aufwärts. Oben angekommen, befinden wir uns auf der **Schlossgarten-Allee** und erreichen nach wenigen Schritten das Schlossgarten Café. Wir nehmen den Weg direkt am Café-Eingang abwärts am **Konzertpavillon** und dem Eingang zum Botanischen Garten vorbei zum 7 **Schloss.** Rechts an dem Gebäude entlang führt uns der Weg durch ein altes schmiedeeisernes Tor zur Vorderseite des prächtigen Bauwerkes. Mit der Planung war, wie für so viele Gebäude der Stadt, der Barockbaumeister Johann Conrad Schlaun beauftragt. Die Fertigstellung der fürstbischöflichen Residenz nach 20-jähriger Bauzeit hat er nicht mehr erleben können, genauso wenig wie der Bauherr selbst. Das Schloss ist seit 1954 Verwaltungssitz der Universität Münster.

Der Baukörper ist mit seiner Mittelachse auf das Stadtzentrum ausgerichtet. Es lohnt sich, etwas Abstand zu nehmen, um die gesamte Ansicht erfassen zu können. Vorsicht ist an der **Promenade** geboten, Münsters Fahrradring, der auch hier vorbeiführt. Nach einem letzten Blick auf das Schloss wenden wir uns nach links und gehen auf geradem Weg entlang der Promenade bis zur **Gerichtstraße,** unserem Ausgangspunkt dieser Tour. Die Bushaltestelle stadteinwärts und Richtung Hauptbahnhof befindet sich auf der gegenüberliegenden Straßenseite.

DER SCHLOSSPLATZ – AUSTRAGUNGSORT ZAHLREICHER EVENTS

Viele verbinden den Schlossplatz mit dem **Send,** der größten Kirmes im Münsterland. Sie findet dreimal im Jahr im Frühjahr, Sommer und Herbst statt und bietet mit rund 200 Schaustellern ein riesiges Spektakel für Jung und Alt.
Ebenso bekannt und beliebt ist der **Promenaden-Flohmarkt.** Er reicht weit über den Schlossplatz hinaus immer entlang der Promenade. Beim Sommernachtsflohmarkt kann bereits ab Freitagabend gestöbert werden.
Für Pferdesportbegeisterte ist das **Turnier der Sieger** vor der Kulisse des Schlosses ein alljährlicher Höhepunkt. Dressur- und Springprüfungen, Mannschaftswettbewerbe und ein buntes Rahmenprogramm an 4 Tagen mit Reitsportlerinnen und Reitsportlern aus der Region sowie internationalen Profis machen dieses Traditionsturnier zu einem ganz besonderen Event.
Aus der Initiative Bürgerbäume entstand der **Bürgerbrunch.** Nach dem Sturmschaden durch Kyrill im Jahr 2007 konnte die zerstörte Lindenallee entlang der Promenade vor dem Schloss mithilfe von Baumpatenschaften der Bürger wieder angepflanzt werden. Seither findet immer am dritten Sonntag im September der Bürgerbrunch statt. Ausgestattet mit einem Picknickkorb treffen sich Bürger zum Brunchen vor dem Schloss – Tische, Bänke und frische Brötchen stehen bereit.
Immer im September ertönt am Schlossplatz der Startschuss für den **Volksbank-Münster-Marathon,** der zu den teilnehmerstärksten Marathons in Deutschland zählt.
Ebenfalls am Schlossplatz startet der **Sparkassen Münsterland Giro,** das größte Radrennen in Nordrhein-Westfalen für Profis und Hobbyradler mit großem Rahmenprogramm.
Und noch ein Event beginnt am Schlossplatz, die **Skatenight Münster.** Ein Gruppenerlebnis für alle auf Inlinern, Rollschuhen und Skateboards.

7

Start/Ziel: Bushaltestelle Altstadt/Bült
Länge: ca. 4 Kilometer
Dauer: ca. 1,5 Stunden
ÖPNV: Haltestelle Altstadt/Bült
Parken: Parkplatz Hörster Platz oder Parkhaus Alter Steinweg, 48143 Münster

UNTERWEGS ENTDECKT

1. Lotharinger Kloster
2. Landesarchiv
3. JVA Münster
4. Gartenhaus Goldstraße
5. Piusallee
6. Villa ten Hompel
7. Hörster Friedhof

ESSEN + TRINKEN

Gelateria Arte Bio, Hörsterstraße 38, 48143 Münster, Tel. (01 76) 41 34 52 52 (Bio-Speiseeis der Eismanufaktur Gelato Mio; Münsterländer Familienbetrieb, mit Liebe und nach sizilianischer Tradition hergestellt)
Café T, Staufenstraße 20, 48145 Münster, Tel. (02 51) 1 33 05 90, cafet.de (täglich frisch gebackener Kuchen, abends frisch gezapftes Bier; Kinderspielplatz in Sichtweite; gelegentlich Livemusik in der Viertelkneipe)

DIE PIUSALLEE

Zeitzeichen aus dem Kaiserreich

Lange ist's her, dass Deutschland von einem Kaiser regiert wurde. Zuletzt war das Kaiser Wilhelm II. und der war im Jahr 1907 höchstpersönlich in Münster zu Besuch. Ein Teil des innerstädtischen Rings ist nach ihm benannt, der Kaiser-Wilhelm-Ring. Und noch weitere Zeitzeichen auf diesem Spaziergang erinnern uns an frühere Kaiserzeiten. Ein denkmalgeschütztes Gartenhaus verweist auf die einst gärtnerisch genutzten Stadtrandgebiete,durch welche die wunderschöne Piusallee mit ihren uralten Platanenreihen mitten hindurchführt.

Wir starten auf einem Hügel, dem **Bült,** mitten in Münster. Für eine Stadt wie Münster, mit wenig auffallenden Höhenunterschieden, ist das etwas Besonderes. Der Name unserer Bushaltestelle Bült, am gleichnamigen Straßenabschnitt, leitet sich aus dem Plattdeutschen ab und bedeutet so viel wie kleiner Hügel oder Anhöhe. Wenn wir uns genau umschauen, erkennen wir tatsächlich, dass die Straße abwärtsführt. Sie weist bis zur Brücke über die Münstersche Aa, nach nicht einmal einem halben Kilometer, sage und schreibe 5 Meter Höhenunterschied auf. Für Münsteraner Verhältnisse ist diese Tatsache durchaus die Bezeichnung Hügel wert.

Wir steigen jedoch nicht hinab Richtung Münsterscher Aa, sondern folgen rechts dem Verlauf der **Hörsterstraße.** Diese Straße gehört zu dem mittelalterlichen Wegenetz der Stadt und führte durch das Hörstertor, einem Teil der damaligen Stadtbefestigung, aus Münster hinaus. Das Tor ist längst abgerissen, die historische umlaufende Hausnummerierung ist jedoch noch erhalten. Heute ist es üblich, die geraden Nummern auf der einen und die ungeraden Nummern auf der anderen Straßenseite zu vergeben. In der Hörsterstraße, wie auch in anderen Altstadtstraßen Münsters, wurden die Nummern stadtauswärts fortlaufend gesetzt bis zur damaligen Stadtgrenze. Dort wechseln sie

7 DIE PIUSALLEE

Lotharinger Kloster

zur gegenüberliegenden Seite ebenfalls fortlaufend wieder stadteinwärts zum Anfang der Straße.

Bei Hausnummer 28 sind wir am 1 **Lotharinger Kloster** angekommen. An dieser Stelle hatte sich bereits im Jahr 1642 der Orden der Lotharinger Chorjungfrauen mit einem Klosterbau angesiedelt. Die Ordensfrauen kümmerten sich um die Erziehung junger Mädchen und unterhielten ein Internat. Die Klostergebäude brannten im Siebenjährigen Krieg vollständig nieder. Beim Wiederaufbau wurde für die Klosterkirche, hier an der Ecke Hörsterstraße/Lotharingerstraße, der Münsteraner Baumeister Johann Conrad Schlaun beauftragt. Er konnte an dieser Stelle eines seiner letzten Bauwerke verwirklichen, kurze Zeit später starb er. Aber auch diese Klostergebäude sind heute nicht mehr vorhanden, sie wurden im Zweiten Weltkrieg völlig zerstört. Nur Schlauns Klosterkirche wurde äußerlich wiederhergestellt. Nach der Nutzung als Stadtarchiv wurde im Jahr 2004 hier das Standesamt mit zwei Trausälen eingerichtet. Im hinteren Bereich legte man einen kleinen Hochzeitsgarten an, der von dem Brautpaar und den Hochzeitsgästen mitbenutzt werden kann.

Entlang der Hörsterstraße stadtauswärts queren wir die Promenade, dabei achten wir unbedingt auf die vorbeifahrenden Fahrräder. An der großen Straßenkreuzung biegen wir links ab in die **Gartenstraße.** Nach wenigen Schritten lohnt sich ein Blick zurück. Vielleicht ist bereits an der Kreuzung das ungewöhnlich schlanke, hohe Gebäude aufgefallen. Hier befindet sich das 2 **Landesarchiv Nordrhein-Westfalen Abteilung Westfalen.**

Der Lesesaal des Landesarchivs steht allen Interessierten offen.

Das historische Gebäude aus der Zeit des Kaiserreichs wurde damals als Archivdepot für die preußische Provinz

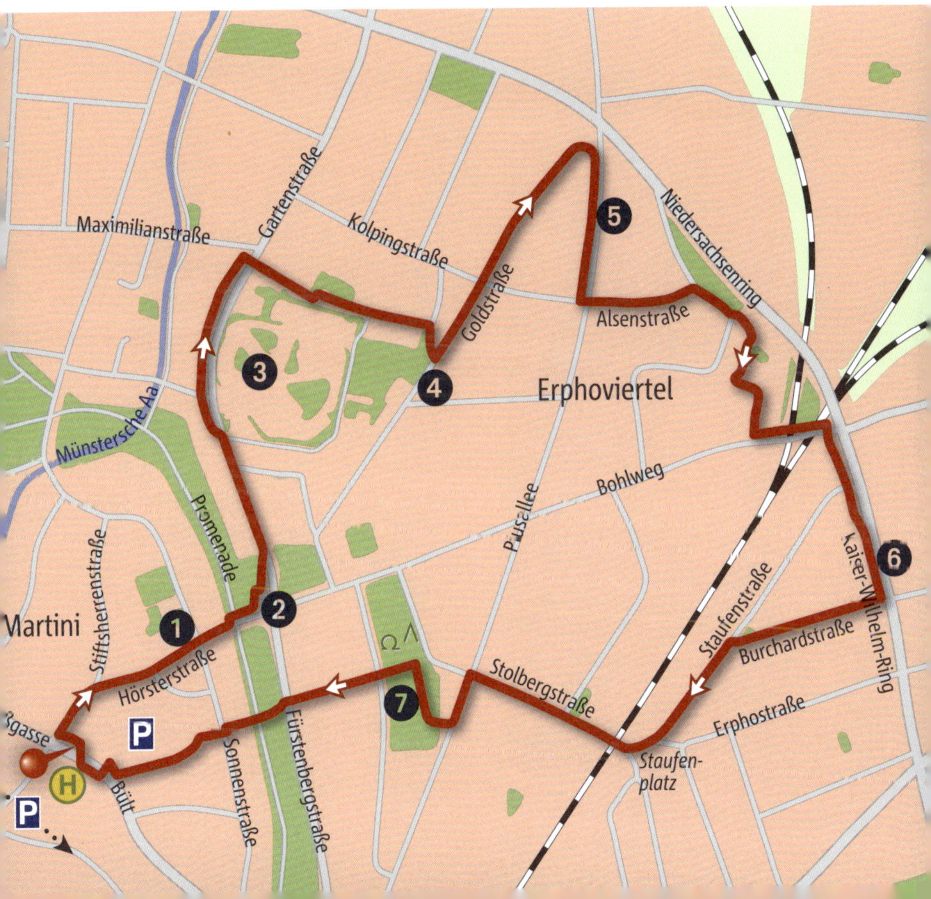

Landesarchiv

Justizvollzugsanstalt

Westfalen errichtet. Es war der erste nach dem sogenannten Magazinsystem erbaute Archivbau, der Verwaltungs- und Magazinbereich aus Brandschutzgründen streng voneinander trennte. Ebenso streng wurde der Abstand zu benachbarten Gebäuden eingehalten. Das verwundert nicht, sind hier doch wertvolle Urkunden ab dem Jahr 813 aufbewahrt: Karten, Pläne, Ahnentafeln, Plakate und Fotos. Die Akten werden hier in Regalkilometern gezählt, es sind rund 30 Kilometer.

Nach langer Planungsphase wurde 1975 mit einem Erweiterungsbau im Stil des Brutalismus begonnen. Wir sehen heute direkt benachbart ein kontrastierendes Bauwerk aus Sichtbeton. Manch einer vermutet wortwörtlich gemeinten brutalen Architekturstil dahinter. Der Name hat jedoch einen französischen Ursprung, *béton brut* bedeutet übersetzt roher Beton. Unabhängig von der Deutung des Baustils ist das historische Staatsarchiv mit seiner prächtigen Fassade ein Blickfang, vielleicht gerade aufgrund der Nachbarschaft zum Erweiterungsbau aus Sichtbeton.

Wir folgen der **Gartenstraße** und schon nach wenigen Metern fällt ein weiteres Bauwerk aus rotem Ziegelstein mit mehreren Türmchen und zinnenbekrönten Bauteilen auf. Spätestens beim Anblick der wehrhaften Umgrenzungsmauer wird uns klar, dass wir vor einem Gefängnis stehen. Die **3** **Justizvollzugsanstalt Münster** besteht im Grundriss aus einem Stern mit fünf Strahlen. Das in den 1850er-Jahren, in der Zeit des Deutschen Kaiserreichs, fertiggestellte Gefängnis ist eines der ältesten Deutschlands und steht unter Denkmalschutz. Die Bausubstanz ist inzwischen jedoch so marode, dass ein Teil der Gebäude als einsturzgefährdet eingestuft wird. Die Teilräumung im Jahr 2016 aufgrund dieser Baumängel machte Schlagzeilen. Inzwischen wird an einer neuen modernen Justizvollzugsanstalt vor den Toren Münsters gebaut. Für die alten denkmalgeschützten Gebäude gibt es die Idee der Umwidmung in Wohnbebauung. Ob die Bausubstanz einen Erhalt zulässt, ist noch offen.

Gartenhaus

Entlang der Gefängnismauer folgen wir der Gartenstraße bis zur nächsten Fußgängerampel und überqueren dort die Straße. Über den **Stühmerweg** gelangen wir auf der rückwärtigen Seite des Gefängnisses bis zum **Enkinweg.** Dort gehen wir rechts bis zur **Goldstraße.** Direkt vor uns im Garten auf der gegenüberliegenden Straßenseite fällt ein kleines Haus mit einer Freitreppe auf. Es ist ein 4 **Gartenhaus** aus dem 18. Jahrhundert, also aus der Zeit, als hier noch keine Häuser standen, sondern alles Gartenland war. Auch die Bezeichnung Gartenstraße, über die wir zuvor spaziert sind, beruht auf den ehemaligen Gärten vor der Stadtmauer Münsters. Zunächst waren es reine Nutzgärten. Im Laufe der Zeit wandelten sie sich zu Oasen für die Erholung im Grünen. Bald schon wurden kleine Hütten oder auch aufwendigere Häuser in die Gärten gebaut, um Gartengeräte und vielleicht auch Tisch und Stühle unterzustellen. Vor uns sehen wir eines der komfortableren Gartenhäuser mit zwei Etagen. Das aufgrund des hohen Grundwasserstandes höher gelegte Kellergeschoss ist typisch fürs Münsterland. Unten wurden Gartengeräte untergebracht, oben konnten die Gärtenbesitzer mit Gästen auch bei schlechterem Wetter gemütlich zusammensitzen. Dieses Gartenhaus steht unter Denkmalschutz und ist einer

7 DIE PIUSALLEE

Die Platanenallee leuchtet zur Zeit der Herbstfärbung besonders schön.

der wenigen Zeitzeugen der Gartenhausära Münsters.

Wir wenden uns nach links und schlendern entlang der **Goldstraße** stadtauswärts. Die rote Färbung der Fahrbahn weist darauf hin, dass es sich hier um eine Fahrradstraße handelt. Sie gehört zum Mobilitätskonzept der Stadt Münster, die als bekennende Fahrradstadt die Qualitätsstandards für Radfahrer weiter ausbauen möchte. An der nächsten großen Straßenkreuzung gehen wir scharf rechts und biegen in die 5 **Piusallee** ein. Hier möchte man Radfahrerin sein, denn der Fahrradweg wird von einer mächtigen alten Platanenallee gesäumt.

Doch auch vom Gehweg aus können wir die alten Bäume genießen, deren Baumkronen sich über die gesamte Straßenbreite spannen. Bei der nächsten Möglichkeit biegen wir links ab in die **Alsenstraße** und folgen der kleinen Wohnstraße bis zu einem Spielplatz. In der scharfen Rechtskurve am Übergang in den Beldensnyderweg nehmen wir den schmalen Fußweg nach links in die neue Wohnanlage hinein. Hier erleben wir verdichtetes Bauen der heutigen Zeit. Auch hier wurde ein kleiner Spielplatz angelegt, an dem wir rechts vorbeigehen.

An der nächsten Möglichkeit biegen wir zuerst links, dann rechts ab, bis wir den **Bohlweg** erreicht haben. Wir sind an einem Verkehrsknotenpunkt des innerstädtischen Rings und der Bahnlinien Richtung Rheine und Osnabrück angekommen. Am Bohlweg wechseln wir zunächst auf die andere Straßenseite, unterqueren die beiden Bahnlinien und überqueren geradeaus an der Fußgängerampel die mehrspurige Ringstraße. Geschafft, wir stehen nun am **Kaiser-Wilhelm-Ring.** Dieser Teil der Stadtringstraße ist nach Kaiser Wilhelm II. (1859–1941) benannt, der im Jahr 1907 zu Besuch in Münster war. Ein Kaiserbesuch in Westfalens Provinzialhauptstadt Münster war eine große Ehre und verursachte damals eine Menge Wirbel und wohl auch Kosten. Von weiß gekleideten Ehrenjungfrauen und schmuckvollen, eigens für diesen Anlass aufgebauten Triumphbögen wird berichtet. Selbstverständlich hat sich damals der Kaiser ins Goldene Buch der Stadt Münster eingetragen.

Wenige Häuser weiter am Kaiser-Wilhelm-Ring erreichen wir den Geschichtsort 6 **Villa ten Hompel.** Die ehemalige Fabrikantenvilla war in den 1920er-Jahren als Residenz des Zementunternehmers Rudolf ten Hompel erbaut worden und bis 1939 in dessen Besitz. Im Nationalsozialismus Hauptquartier der Ordnungspolizei, wurde die Villa später ein Ort der Entnazifizierung und Dezernat für Wiedergutmachung im Nachkriegsdeutschland. Seit 1999 dient dieses geschichtsträchtige Gebäude der Auseinandersetzung mit geschichtlichen, aber auch aktuellen Themen. Ein Besuch der Dauerausstellung ist lohnenswert, doch es besteht auch die Möglichkeit, in der Bibliothek, in Sammlungen und im Archiv zu recherchieren oder an dem vielfältigen Seminarprogramm teilzunehmen.

Wir verlassen den Kaiser-Wilhelm-Ring auf der gegenüberliegenden Straßenseite über die **Burchardstraße.** Diese Straße wurde nach dem Münsteraner Bischof Burchard von Holte benannt, der ein treuer Anhänger des Kaisers Heinrich IV. (1050–1106) gewesen sein soll. Und es geht noch weiter mit den Bezügen zur Kaiserzeit im Heiligen Römischen Reich. Die Burchardstraße mündet in die Staufenstraße, deren Namen auf das Kaisergeschlecht der Hohenstaufen zurückzuführen ist. Kaiser Barbarossa, Friedrich I. (1122–1190), ist vielleicht der bekannteste Herrscher aus diesem Geschlecht. Nach so viel Erinnerung an die Kaiserzeit genießen wir das Hier und Jetzt, indem wir schlicht den Blick nach oben richten. Die Häuser an der Burchard- und **Staufenstraße** sind prachtvoll ausgestattet mit Fachwerkgiebeln, Erkern und Jugendstilelementen. Die mehrgeschossigen Häuser stehen dicht an dicht, in der Burchardstraße sind sie mit kleinen Vorgärten ausgestattet. Am Ende liegt der **Staufenplatz.** Er ist mit seiner Viertelkneipe Kasi's Kling Klang, dem Café Magnolia und einer Bäckerfiliale ein beliebter Treffpunkt.

Staufenstraße

Staufenplatz

Vom Staufenplatz aus unterqueren wir wieder die Bahnlinien, an dieser Stelle jedoch angenehm verkehrsberuhigt. Geradeaus gelangen wir zurück zur **Piusallee.** Leider ist die Platanenallee in diesem Abschnitt nur noch in Resten vorhanden. Wir folgen der Straße nach links, bis uns nach wenigen Metern ein schmaler Fußweg rechts in eine Grünanlage führt.

Wir sind auf dem 7 **Hörster Friedhof** angekommen. Der zu Beginn des 19. Jahrhunderts angelegte Friedhof lag damals am Stadtrand von Münster. Heute ist er ringsum von Bebauung umgeben, der Stadtrand ist von hier längst nicht mehr zu erkennen. Als versteckt liegende grüne Insel wird der Friedhof von den Anwohnern zur Erholung genutzt. Wenige alte Grabsteine sind erhalten und erinnern daran, dass wir uns auf einem alten Friedhofsgelände befinden.

Wir können den kleinen Rundweg durch die Grünfläche nutzen oder wir wenden uns auf halber Strecke direkt nach links und verlassen das Friedhofsgelände wieder. Über eine kleine Wohnstraße gehen wir direkt auf die **Promenade** zu. Vorher muss die **Fürstenbergstraße** überquert werden. Auch die Promenade kreuzen wir auf direktem Weg. Vorsicht, hier saust wieder ein Fahrrad nach dem anderen vorbei. Geradeaus geht es über die Sonnenstraße hinweg zur Korduanenstraße. Diese mündet auf die Straße **Bült,** den Ausgangspunkt unseres Spaziergangs.

Entlang der Promenade gibt es regelmäßig Grünflächenunterhaltung mit vielen Freiluft-Konzerten.

Hörster Friedhof

8

Start/Ziel: Bushaltestelle St.-Joseph-Kirche
Länge: ca. 6,5 Kilometer
Dauer: ca. 2,5 Stunden
ÖPNV: Haltestelle St.-Joseph-Kirche
Parken: Parkplatz am Geistmarkt (außerhalb der Marktzeiten am Mittwoch- und Samstagvormittag), Sentmaringer Weg 115, 48151 Münster, oder Parkhaus Engelenschanze, Engelstraße 49, 48143 Münster

UNTERWEGS ENTDECKT

1. St.-Joseph-Kirche
2. Wasserturm
3. LVM-Campus
4. Park Sentmaring
5. Grüner Grund
6. Schützenhofbunker
7. Ehemalige Kirche St. Sebastian
8. Südpark

ESSEN + TRINKEN

Senti Café am Turm, Sentmaringer Weg 113, 48151 Münster, Tel. (02 51) 32 22 74 87 (Frühstück und hausgemachter Kuchen)
Lit:fass, Dahlweg 10, 48153 Münster, Tel. (02 51) 77 53 71, litfass-muenster.de (kreative Hausmannskost; kleiner Biergarten im Hinterhof – Reservierung empfohlen)

UM DEN WASSERTURM

Im Wandel der Zeit

Der Wasserturm ist das Wahrzeichen des Geistviertels und mit seinem mittelalterlichen Erscheinungsbild markanter Orientierungspunkt im Süden Münsters. Noch 2017 war er wichtig für die Wasserversorgung der Stadt. Weitere markante Gebäude sind der alte Schützenbunker und die Kirche St. Sebastian. In dem ungewöhnlich elliptischen Kirchenbau ist heute eine Kindertagesstätte untergebracht. Der ehemalige Bunker wurde zur Wohnnutzung umgebaut. Zeiten ändern sich, doch die Wohnanlage Grüner Grund, erbaut in Anlehnung an die englische Gartenstadtbewegung, ist ein beliebtes Wohnquartier geblieben.

Wir beginnen diesen Spaziergang an der lebhaften Hammer Straße, direkt an der Joseph-Kirche. Von der Stadtbushaltestelle, vom Hauptbahnhof kommend, gehen wir wenige Schritte zurück und überqueren auf Höhe der Kirche die Hammer Straße. Der **Kirchplatz** ist ein beliebter Treffpunkt im Südviertel. Von der Givebox mit Bücherregal über Verkaufsbüdchen in der Erdbeer- und Spargelzeit bis zum Weihnachtsbaumverkauf findet alles auf diesem zentralen Platz an der Hammer Straße statt. Mal steht hier Mr. Falafel, der seine veganen Köstlichkeiten anbietet, an anderen Tagen gibt's Bratwurst oder Reibekuchen. Für Stärkung vor unserem Spaziergang ist also gesorgt.

St.-Joseph-Kirche

Zur Einstimmung besuchen wir die neugotische ❶ **St.-Joseph-Kirche.** Sie wurde 1888 aufgrund des starken Bevölkerungszuwachses im Südviertel zunächst als Behelfskirche errichtet. Bereits 7 Jahre später war sie zu klein geworden und an ihrer Stelle wurde eine neue dreischiffige Kirche erbaut. Von

Wasserturm

außen fallen die beiden ungleichen Türme auf. Sie wurden beim Wiederaufbau nach der starken Zerstörung im Zweiten Weltkrieg nur teilweise und nicht in ihrer ursprünglichen Form wiederhergestellt.

Vom Kirchplatz aus folgen wir zunächst der **Hammer Straße** stadtauswärts. An der Fußgängerampel wechseln wir auf die andere Straßenseite, gehen noch wenige Meter stadtauswärts und biegen an der nächsten Möglichkeit rechts ab in die **Peterstraße.** Sie führt uns zur Geiststraße, die wir ebenfalls überqueren, um zwei Häuser weiter nach links in die **Kleine Turmstraße** einzubiegen. Spätestens hier sollten wir unseren Blick nach oben richten, denn wie der Straßenname schon sagt, nähern wir uns dem markanten **2** **Wasserturm** im Geistviertel. Mit seinen rund 2 Meter dicken Mauern und einer Höhe von fast 60 Metern galt er zur Zeit der Erbauung im Jahr 1902 als einer der größten in Deutschland. Mit Zinnenkranz und kleinen Türmchen erinnert er an einen mittelalterlichen Wehrturm. Derart auffällig wurde er während des Zweiten Weltkriegs durch den Anbau eines provisorischen Längsschiffs als Kirche getarnt und blieb so unbeschadet. Direkt unter dem 2,5 Millionen Liter Wasser fassenden Tank wohnte früher der Hausmeister in einer exklusiven Wohnlage mit Blick über Münster. Im Jahr 2017 wurde der denkmalgeschützte Wasserturm außer Betrieb genommen und durch eine modernere Technik ersetzt.

Wir umrunden den Turm links herum und gelangen über den schmalen Fußweg entlang eines Schulgeländes auf die **Prinz-Eugen-Straße.** Diesem Straßenverlauf folgen wir nach rechts. Auf Höhe der Kleingartenanlage Grüner Krug lohnt sich der Blick zurück Richtung Wasserturm, bevor wir

8 UM DEN WASSERTURM

LVM-Campus

links abbiegen und auf die **Weseler Straße** stoßen. Wir befinden uns direkt an der Bundesstraße 54 und haben nun zwei Möglichkeiten, dem geräuschintensiven Straßenverkehr zu entkommen: Wir können auf direktem Weg entlang der Weseler Straße nach links zum Park Sentmaring gehen. Die erste Möglichkeit nach links in den Park abgebogen, kehrt schnell wieder Stille ein. Oder wir nehmen einen kleinen Umweg durch das Areal der LVM-Versicherung auf uns. Dazu überqueren wir die Weseler Straße rechts an der Ampelkreuzung und folgen dem **Kolde-Ring** abwärts bis zu einer ersten Skulptur in einer großen Glasvitrine. Dort biegen wir links ab auf das Gelände des **3 LVM-Campus.**

Der schräg aufragende Büroturm vor uns wird von den Münsteranern auch Kristall ge-

Lichtkunst LVM-Campus

nannt und ist eines der höchsten Gebäude der Stadt. Die gläserne Brücke über uns verbindet in circa 40 Meter Höhe die beiden imposanten Bürotürme. Mehrere Lichtkunst-Skulpturen sind hier zu bestaunen. Es lohnt sich ganz besonders, bei einsetzender Dämmerung nochmals hierherzukommen, dann erst ist die Wirkung des künstlerischen Lichts in seinem gesamten Umfang erlebbar. Wir verlassen das Kunstareal auf geradem Weg und gelangen links über die **Sperrlichstraße** zurück zur Weseler Straße.

Historisches Gartentor

Direkt gegenüber betreten wir den 4 **Park Sentmaring.** Das ehemalige Gut Sentmaring und spätere Jesuitenkloster ist längst abgerissen, dort stehen heute moderne Wohnhäuser. Nur der Park und Jesuitenfriedhof erinnern an die frühere Nutzung. Der ehemalige Fischteich ist noch als lang gezogene Senke zu erkennen und dient heute als Regenrückhaltebecken. Auch das neubarocke Gartentor an der Weseler Straße aus dem Jahr 1914 ist zu bestaunen, es wurde renoviert und 2005 wieder aufgestellt. Besonders schön ist der alte Baumbestand im Park. Auffallend ist eine alte Rotbuche am Ausgang zur Straße **Haus Sentmaring** mit einem oberirdischen Wurzelausläufer, aus dem mehrere Meter entfernt neue Bäume gewachsen sind. Vorbei an dem kleinen Bolzplatz verlassen wir die Parkanlage und gelangen zum **Sentmaringer Weg.** Im Frühling ist die Baumreihe entlang dieser Straße eine Augenweide. Dann hängen die rund 100 Jahre alten Japanischen Zierkirschen über und über voll mit rosaroten Blüten.

Im Frühling blühen auf den Wiesen im Sentmaringer Park große Mengen von Narzissen.

Auf der anderen Straßenseite betreten wir die Wohnsiedlung 5 **Grüner Grund,** benannt nach den grünen Wiesen entlang des Geistbachs, der früher hier floss. Diese beliebte Wohnanlage ist in den Jahren 1920 bis 1931 in Anlehnung an die englische Gartenstadtbewegung entstanden und fast unverändert erhalten. Die Hausreihen gruppieren sich um eine großzügige grüne Mitte, die als Treffpunkt, Spielplatz und Ruheinsel genutzt wird. Auf der rückwärtigen Hausseite schließen sich kleine Gärtchen an. In den zweigeschossigen Häusern ist eine kompakte Raumaufteilung auf kleiner Fläche anzutreffen. Trotzdem oder gerade deshalb sind die gemütlichen Häuser am Grünen Grund in Münster heiß begehrter Wohnraum. Wir durchqueren die Wohnsiedlung geradeaus, überqueren die Straße **Inselbogen** und folgen direkt gegenüber dem Fußweg in das Wohngebiet **Gut Insel.** Dort stand vor langer Zeit ein großer Gutshof und ein Erholungsheim der Jesuiten, später wurde hier die Stadtgärtnerei untergebracht. Damals waren Stadtgärtnereien noch richtige Gärtnereien, die Stauden und Gehölz für die städtischen Grünflächen kultivierten. Heute kann man sich nicht mehr vorstellen, dass hier, wo jetzt Wohnhäuser und Schulen stehen, während des Ersten Weltkriegs in städtischer Regie Gemüse für die Münsteraner Bevölkerung angebaut wurde.

Grüner Grund

Unser Weg führt uns hinter einer Kindertagesstätte nach rechts zwischen der Matthias-Claudius-Schule und dem Ludwig-Erhard-Berufskolleg hindurch. Nach dem Parkplatz der Schule biegen wir links ab auf den geschotterten Fußweg und umrunden zunächst das **Schulgelände.** Auf der Rückseite des Gebäudes wird der Fußweg rechts durch eine geschnittene Hecke begrenzt. Wir gehen bis zu einem schlichten Metalltor in dieser Hecke, das sich durch leichten Druck öffnen lässt. Durch das Tor betreten wir die angrenzende **Kleingartenanlage Ronneberg.** Ein kurzes Wegstück können wir die Kleingartenatmosphäre schnuppern, bevor wir durch ein weiteres Metalltor wieder hinaustreten. Diese Tore werden mit Einbruch der Dunkelheit geschlossen, jedoch spätestens um 21 Uhr.

Nach Verlassen der Kleingartenanlage gelangen wir unvermittelt in ein kleines Wäldchen. Wir biegen nach wenigen Schritten rechts ab. Ein Schild weist uns darauf hin, dass der kleine Hügel zwischen den Bäumen im 18. Jahrhundert von den Jesuiten als **Meditationshügel** angelegt wurde. Vermutlich entstand so auch der kleine Teich neben dem Hügel, das Bodenmaterial für die Aufschüttung könnte aus der jetzt mit Wasser gefüllten Senke stammen. Es ist kaum vorstellbar, dass dieser Hügel vor vielleicht 250 Jahren als stiller Ort zur inneren Einkehr aufgesucht wurde. Denn diese kleine Waldinsel ist heute ringsum von Wohnbebauung und den Außenflächen der angrenzenden Schule umgeben.

Über den ersten schmalen Fußweg rechts und wenige Treppenstufen verlassen wir das Wäldchen, überqueren

Park Sentmaring

die Straße Habichtshöhe und biegen nach links in die **Saarbrücker Straße** ein. An der nächsten Straßenkreuzung wählen wir die **Elsässer Straße,** um nach links weiter durch dieses schöne Wohnviertel zu spazieren. An der **Heilig-Geist-Kirche** angekommen, besteht die Möglichkeit, einen kleinen Abstecher zur **autofreien Siedlung** zu unternehmen. Sie liegt direkt hinter der Bäckereifiliale an der Ecke Metzer Straße. Bereits 2001 waren die ersten von inzwischen fast 190 Wohnungen bezugsfertig. Die Bewohner besitzen kein Auto, sie fahren mit dem Fahrrad oder dem Bus und können bei Bedarf die Carsharing-Autos auf dem angrenzenden Besucherparkplatz nutzen. Es ist ein anderes Lebensgefühl, aus der Haustür heraustretend nicht vor parkenden Autos zu stehen, der Abstecher lohnt sich.

Schützenhofbunker

Zurück an der Metzer Straße biegen wir gegenüber der Heilig-Geist-Kirche links in den mit alten Bäumen bestandenen **Straßburger Weg** ein. Am Ende der Straße, kurz bevor wir auf die Wörthstraße stoßen, können wir links zwischen den Baumkronen hindurch die Spitze des Wasserturms erkennen. Rechts an der Wörthstraße sehen wir ein ungewöhnliches Wohngebäude. Es ist der alte 6 **Schützenhofbunker,** der zu einem Wohnhaus umgebaut wurde. Das Baudenkmal aus dem Zweiten Weltkrieg diente lange Zeit zahlreichen Musikbands als Probenraum. Dank der dicken Mauern konnten die Musikgruppen auch zu nächtlicher Stunde proben, ohne die Nachbarschaft zu stören. Seit 2022 wird hier Wohnen im ehemaligen Bunker angeboten.

Nach wenigen Schritten links auf der **Wörthstraße** gelangen wir rechts über einen schmalen Fußweg zum **Sent-**

maringer Weg. Direkt an der Ecke lädt uns das **Senti Café am Turm** zu einer Pause ein. Bei schönem Wetter ist von den Außensitzplätzen der Blick auf den Wasserturm inklusive. Wenige Schritte nach rechts am Ende des Sentmaringer Weges findet mittwochs- und samstagsvormittags der Geistmarkt statt. Klein, aber fein – hier gibt es alles, was man auf einem Wochenmarkt sucht.

Wir überqueren die **Geiststraße** und die **Hammer Straße,** die Fußgängerampeln weisen uns dabei den Weg. Beim Blick nach links sehen wir den Wasserturm und in der Flucht der Hammer Straße die Türme der Joseph-Kirche. Dort hat unsere Tour begonnen, der Endpunkt ist folglich nicht mehr weit. Anstatt auf geradem Weg entlang der Hammer Straße zur Kirche zurückzugehen, wählen wir einen kleinen lohnenden Umweg. Dafür wenden wir uns nach Überquerung der Hammer Straße zunächst nach rechts, um dann links durch die kleine Grünanlage in das angrenzende Wohnviertel zu gelangen. Am Ende der kleinen Grünfläche fällt uns rechts ein ovales hohes Gebäude auf mit nur wenigen kleinen Fenstern. Ein Schild weist uns darauf hin, dass hier eine Kindertagesstätte untergebracht ist. Wir stehen vor der 7 **ehemaligen Kirche St. Sebastian,** einem elliptischen Ziegelbau mit regelmäßig angeordneten quadratischen Fenstern. Rückläufige Mitgliederzahlen der Kirchengemeinde führten 2008 zu einer Profanierung. Das Gebäude konnte jedoch als markanter Punkt im Viertel erhalten bleiben. Seit dem Umbau wird das einstige Kirchenschiff nun auf zwei Etagen von fünf Kindergruppen genutzt. Ein großer Indoorspielplatz über ebenfalls zwei Etagen ergänzt die Gruppenräume auf einzigartige

Kita in der ehemaligen Kirche

Weise. Von außen ist das Raumkonzept leider nur durch die kleinen quadratischen Fensterchen zu erahnen.

Unser Weg führt uns weiter entlang einer Kleingartenanlage links und dem Außengelände der Hermannschule rechts geradeaus über den **Dahlweg** hinweg bis zur **Travelmannstraße.** Hier biegen wir links ab, umrunden den kleinen Spielplatz, um dann erneut links auf den kleinen baumbestandenen Platz vor dem Altenzentrum am Südpark zu gelangen. Auf dem Fußweg direkt am Haupteingang vorbei erreichen wir nach einer Hausunterführung die **Augustastraße.** Bei Hausnummer 49 auf der gegenüberliegenden Straßenseite durchschreiten wir eine weitere Hausunterführung und kommen über einen kleinen Fußweg und wenige Treppenstufen direkt in den 8 **Südpark.**

Der neue Wasserspielplatz im Südpark erfreut in den Sommermonaten nicht nur Kinder.

Von hier aus ist die St.-Joseph-Kirche nicht weit, denn sie steht direkt am Rande des Parks. Wir können folglich den schönen Südpark entspannt genießen, da wir mit wenigen Schritten bereits am Ziel unserer Tour sind.

An sonnigen Tagen herrscht hier ein buntes Treiben. Bepackt mit Picknickkorb, Draußen-Spielen und auch mal mit einer Gitarre oder Trommel radeln die Bewohner des Viertels in den Park und genießen das üppige Grün mitten in der Stadt. Die Parkfläche nahe der Hammer Straße war bis 1945 eine preußische Trainkaserne mit Lagern für Materialnachschub und Verpflegung für die Truppen. In den 1970er-Jahren musste die spätere gewerbliche Nutzung dem Stadtteilpark weichen, den zahlreichen Parkbesuchern nach zu urteilen, eine gute Entscheidung. Aus Richtung des neu angelegten Wasserspielplatzes vernehmen wir das regelmäßige Klackern der Speckbrettspieler. Hier liegt einer der öffentlichen **Speckbrettplätze** Münsters mit vier Spielfeldern. Die tennisähnliche, im Münsterland beheimatete Sportart entwickelt sich gerade zum Trendsport, seit 2020 gibt es sogar eine Speckbrettliga.

Speckbrettausrüstung

Eine weitere Besonderheit im Südpark ist das **ABI.** Die Abkürzung steht für „Abenteuer, Bauen, Initiative" oder auch für „Anpflanzen, Brutzeln, Inspirieren", wie auf der Homepage des Amtes für Kinder, Jugendliche und Familien der Stadt Münster nachzulesen ist. Hier können Kinder zwischen 6 und 13 Jahren nach Lust und Laune ihre freie Zeit nach der Schule verbringen. Ein professionelles Team der Stadt Münster begleitet das Spiel der Kinder auf dem weitläufigen Gelände, am Bauspielplatz oder im Hühnerstall.

Vielleicht verlassen wir den erholsamen Südpark erst mit Sonnenuntergang oder aber der Hunger hat uns schon aus dem Park Richtung **Kirchplatz** getrieben. Sollten wir **Mr. Falafel** antreffen, ist ein köstlicher Abschluss der Tour garantiert. Aber auch andere internationale Restaurants in der Nähe des Kirchplatzes bieten eine bunte und leckere Speiseauswahl für jeden Geschmack an.

9

Start: Bushaltestelle Germania Campus
Ziel: Bushaltestelle Meinertzstraße
Länge: ca. 6 Kilometer
Dauer: ca. 2,5 Stunden
ÖPNV: Haltestelle Germania Campus; am Ziel: Haltestelle Meinertzstraße
Parken: Parkplatz Germania Campus, Dorpatweg, 48149 Münster

UNTERWEGS ENTDECKT

1. Zaubersee
2. Kopfweiden
3. Kinderbachtal
4. Pfarrhaus
5. Lepramuseum
6. Gut Kinderhaus

ESSEN + TRINKEN

Rund um den Germania Campus sind zahlreiche Gastronomiebetriebe mit internationaler Küche zu finden.

DAS KINDERBACHTAL

Von Lifestyle bis Bauernhof

Gegensätzlicher könnte es kaum sein: Diese Tour führt uns vom lebhaften und stylischen Germania Campus quasi über Land und vorbei an historischen Gebäuden zum Bauernhof Gut Kinderhaus am Stadtrand von Münster. Es lohnt sich, etwas mehr Zeit mitzubringen, um das Lepramuseum in Kinderhaus zu besuchen. Dieser Spaziergang ist keine Rundtour, Start und Ziel sind also nicht identisch. Wir können am Endpunkt jedoch bequem mit den Buslinien 15 und 16 wieder zum Startpunkt der Tour am Germania Campus zurückfahren.

Zaubersee

Unser Startpunkt ist die Bushaltestelle Germania Campus an der stark befahrenen Grevener Straße. Der Straßenlärm lässt nach, sobald wir die Rückseite der Gebäudefronten von Biomarkt, Fitnesscenter, Sushibar und Pizzeria erreicht haben. Auf geradem Weg steuern wir das Zentrum des Quartiers an, den 1 **Zaubersee.** Er wird von den ehemaligen Brauwasserquellen gespeist. Ja, an dieser Stelle befand sich eine der größten Brauereien Münsters.

Germania war der Name der 1898 vom Bäcker und Brauer Friedrich Dieninghoff gegründeten Brauerei. Damals lag der Standort außerhalb des Stadtgebietes auf dem Münsterländischen Kiessandzug, der eine eigene Brauwasserquelle möglich machte. Die **Germania Brauerei** entwickelte sich prächtig und wurde Anfang des

Factory Hotel

20. Jahrhunderts zu einem der bedeutendsten Industrieunternehmen der Stadt Münster.

Nach einer Fusion mit der Dortmunder Union-Brauerei wurde jedoch 1980 die Fertigung nach Dortmund verlagert und 4 Jahre später die Produktion und die Abfüllung in Münster geschlossen. Aus **Germania Brauerei** wurde nun Germania Therme, denn das Hauptgebäude ließ man zu einem Erlebnisbad umbauen. Die Therme musste jedoch rund 10 Jahre später bereits wieder geschlossen werden. Der traditionsreiche Münsteraner Club Jovel war fast doppelt so lange in dem ehemaligen Gemäuer der Brauerei zu Hause. Und Steffi Stephan, der Jovel-Gründer, Bassist und Gründungsmitglied des Panikorchesters von Udo Lindenberg, wäre mit seiner Music Hall gerne noch länger geblieben. Doch dann, 2006, sollte das gesamte Areal zum neuen Lifestyle-Viertel umgebaut werden. Das Jovel musste weichen und eine 3-jährige Bauzeit begann. Mit der Eröffnung 2009 war ein modernes Viertel mit einem

Für die ehemalige Germania Brauerei wurde damals sogar ein eigener Bahnanschluss eingerichtet.

Mix aus Wohnungen, Gastronomie, Freizeit- und Dienstleistungsangeboten entstanden.

Die denkmalgeschützte Bausubstanz wurde in die neue Bebauung integriert, dies wird besonders im Eingangsbereich des **Factory Hotels** deutlich. Dazu verlassen wir den Platz am Zaubersee an der Apotheke und biegen bei der nächsten Möglichkeit links ab in eine schmale Gasse. Wir stehen direkt vor dem sogenannten Design-Hotel, das Hotelbetrieb, Restaurants sowie Tagungs- und Veranstaltungsbereiche vereint. Am Ende der Gasse gelangen wir über einen kleinen Parkplatz auf einen Fuß- und Radweg. Diesem folgen wir nach rechts und biegen bei der nächsten Möglichkeit links in das Neubaugebiet ab. Den Abzweig markiert ein Wandbild mit überdimensionalen Sonnenblu-

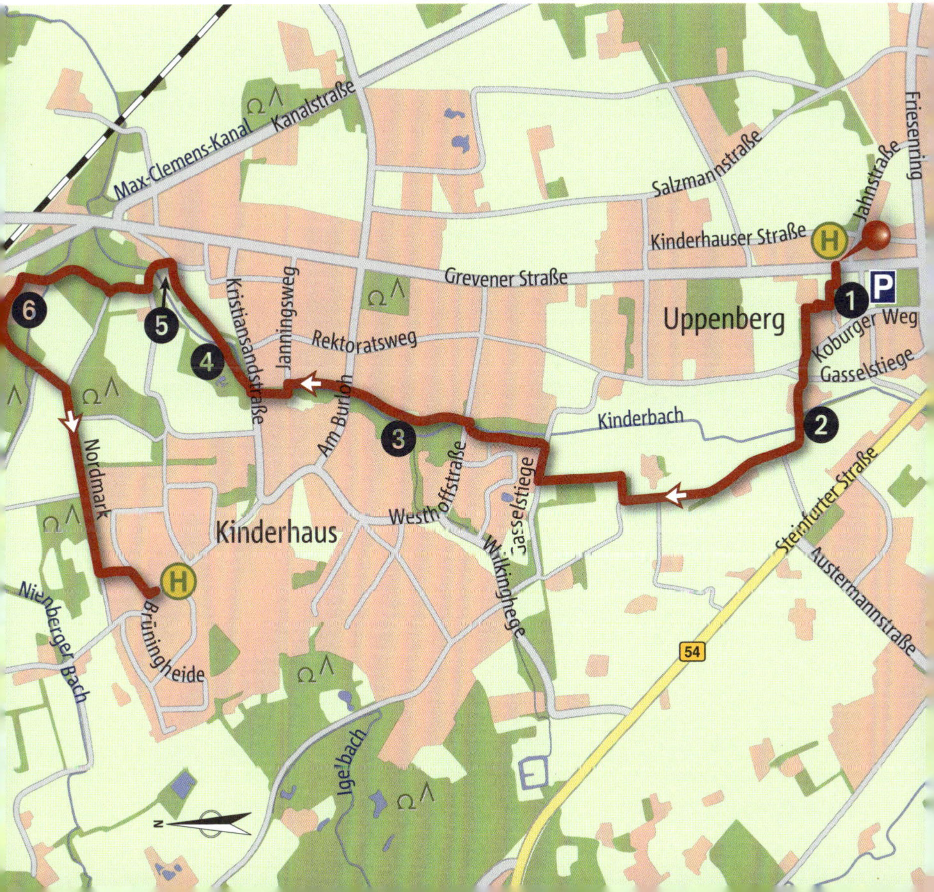

Kopfweiden

men von den Münsteraner Berufssprayern lackaffen.de. Die schmucke Wohnsiedlung durchqueren wir auf geradem Weg bis ans Ende beim **Koburger Weg.** Soeben noch im Trubel des Germania Campus stehen wir nun unvermittelt in ländlicher Umgebung.

Direkt vor uns liegt der **Hof lütke Jüdefeld,** den wir geradeaus ansteuern. Zuvor erkennen wir rechts hinter der Hecke die **WildnisWerkstatt,** die mit dem Motto „Gemeinsam glücklich verwildern" Kinder und Erwachsene auffordert, die Natur zu erkunden. Das Hofgelände beherbergt nicht nur eine Kindertagesstätte, auch mehrere Handwerksbetriebe haben sich hier ein Zuhause geschaffen. Eine Ölmüllerin und ein Biobetrieb bieten auf dem Hofgelände zu bestimmten Zeiten den Verkauf ihrer Produkte an. Der Biolandhof BioLee aus dem Ortsteil Roxel bewirtschaftet einen Teil der umliegenden Ackerflächen und verkauft in einem kleinen Lädchen frisches Gemüse und Kartoffeln. Die Ölmühle Schönefeld öffnet regelmäßig ihre Türen, um die handgepressten, naturbelassenen Öle zu verkaufen.

WildnisWerkstatt

Wir verlassen das Hofgelände über die breite Schotterstraße leicht bergab. Direkt hinter dem letzten Gebäude säumen knorrige alte **2** **Kopfweiden** unseren Weg. Sie stehen unter Denkmalschutz und sollen mehr als 100 Jahre alt sein. Die dicken, zum Teil hohlen Stämme lassen augenscheinlich auf ein stolzes Alter schließen. Gefesselt vom Anblick der Kopfweiden haben wir vielleicht nicht bemerkt, dass wir soeben einen kleinen Bachlauf überquert haben. Wir sind im **3** **Kinderbachtal** angekommen, dem wir nun für mehr als 3 Kilometer folgen werden. Dazu biegen wir an der nächsten T-Kreuzung rechts ab und spazieren durch Felder und Weiden Richtung Norden.

Kinderbachtal

Der Kinderbach ist ein kleiner Bachlauf und ein Nebengewässer der Münsterschen Aa. In seinem Verlauf beschreibt er eine außergewöhnliche Kehrtwende. Von seiner Quelle bei Nienberge im Nordwesten von Münster kommend, fließt er zunächst Richtung Südosten auf das Stadtzentrum und geradewegs auf die Münstersche Aa zu. Doch bevor er in die Aa münden kann, wird er durch die bereits beschriebene Geländeerhöhung im Bereich des Kiessandzuges zurück Richtung Norden umgeleitet. Erst nachdem die gesamte Strecke nochmals in die entgegengesetzte Richtung zurückgelegt ist, mündet der Kinderbach in die Münstersche Aa.

Von unserem Weg aus können wir den Bachlauf zunächst nicht erkennen. Nur die Baum- und Strauchreihe zwischen den Wiesen und Feldern lässt das Ufer erahnen. Wir kommen an einer Hofanlage und einem kleinen Ehrenfriedhof vorbei. Auf der rechten Talseite erkennen wir den Stadtrand von Münster. Nach einer Hofzufahrt auf der rechten Wegseite nehmen wir den nächsten Abzweig nach rechts. An der folgenden T-Kreuzung gehen wir nicht rechts auf das Hofgelände, sondern links an dem kleinen Wäldchen entlang bis zur Gasselstiege. Vorsicht, hier sausen schon mal eilige Fahrradfahrer vorbei. Wir spazieren wenige Meter auf der **Gasselstiege** nach rechts, um bei der nächsten Möglichkeit gleich wieder links auf den bequemen **Anni-Buschkötter-Weg** einzubiegen. Nun sind wir ganz nah am Kinderbach. Ab hier ist das Bachtal als Grünzug gestaltet, der einmal quer durch den Stadtteil Kinderhaus verläuft. Durch das Strauchwerk hindurch erkennen wir auf beiden Seiten des Weges die angrenzenden Wohnsiedlungen.

Pfarrhaus Kinderhaus

Vor einer Straßenunterführung nutzen wir die Fußgängerbrücke, um auf die andere Bachseite zu wechseln. Dort unterqueren wir die Westhoffstraße bis zur Straße **Am Burloh.** Diese überqueren wir geradeaus und folgen weiter dem Kinderbach, wechseln noch einmal die Uferseite und gelangen zur **Kristiansandstraße.** Das Zentrum von Kinderhaus haben wir unbemerkt passiert, es liegt versteckt hinter Bäumen und Hausreihen links des Grünzuges. Wir wollen jedoch weiter stadtauswärts. Dazu überqueren wir die Kristiansandstraße, nehmen dann aber nicht den Weg geradeaus in den Wald hinein, sondern wenige Schritte weiter rechts den Weg Richtung 4 **Pfarrhaus.** Er führt uns entlang des Kinderbaches und einer alten Baumreihe auf eine zweiflügelige Toranlage zu. Durchschreiten wir diese, so stehen wir vor dem katholischen Pfarrhaus. Eine Tafel informiert uns darüber, dass an dieser Stelle seit mehr als 500 Jahren der jeweilige Kinderhauser Pastor wohnte. 500 Jahre ist eine lange Zeit, trotzdem hatte das heutige villenartige Gebäude nur zwei Vorläuferbauten.

Auch wenn die alte Villa mit den formal gestalteten Beeten wie ein Privatgarten wirkt, dürfen wir dem Weg rechts um das Pfarrhaus herum folgen. Also mutig voran, denn der Weg ist öffentlich. Auch die anschließende schmale Brücke, der anschließende noch schmalere Steinweg und nochmals eine kleine Brücke durch das Kinderbachtal sind öffentlich. Sollte diese Stelle nach Starkregen nicht passierbar sein, dann können wir zurück über die Kristiansandstraße und die **Paula-Wilken-Stiege** auf die andere Uferseite gelangen. Der Kinderbach liegt nun also linker Hand und der schmale Pfad führt uns durch ein kleines Wäldchen zur Paula-Wilken-Stiege. Entlang des Kinderhauser Friedhofs kommen wir auf direktem Weg zur St.-Josef-Kirche, dem Heimathaus und dem 5 **Lepramuseum.**

Immer zum Jahreswechsel findet die traditionelle Krippenausstellung im Heimatmuseum statt.

Durchreiche am Lepramuseum

Die alte Klinkermauer auf der linken Seite war einst Ummauerung des Leprahospitals. Die Nähe zu einer Kirche und die Lage außerhalb der Stadtmauern, bevorzugt an einem Bachlauf und an einer belebten Straße, waren typisch. Kirche und Bachtal sind eindeutig auszumachen, aber wo ist die belebte Straße? Zwischen Kirche und Hospital führt heute nur eine wenig befahrene Wohnstraße hindurch. Vor mehr als 400 Jahren war dies jedoch eine bedeutende Handelsstraße, die aus Norden kommend bis ins Stadtzentrum von Münster reichte. Reisende konnten in dem kleinen Lazarushäuschen, rechts vor der Kirche, ihre Spenden für die erkrankten Menschen hinterlegen. In der lang gestreckten Mauer auf der linken Seite ist noch der rund gemauerte **Bogen der Durchreiche** zu erkennen. Dort konnten Essen oder Spenden abgestellt und nach innen gedreht werden. Heute führt der Fuß- und Radweg durch eine breite Mau-

Pfarrkirche St. Josef mit Lazarushäuschen

eröffnung zum ehemaligen Leprahospital, das als Heimat- und Lepramuseum genutzt wird.

Eine aufschlussreiche Ausstellung informiert über das Leben leprakranker Menschen in Europa im Mittelalter und über aktuell tätige Hilfsorganisationen, die Leprakranke unterstützen. Hier im Leprahospital liegt auch der Ursprung des Namens Kinderhaus. Die kranken Menschen bezeichnete man damals als die „armen Kinder Gottes". So wurde aus dem Haus, in dem sie wohnten, das Kinderhaus und später nannte man den gesamten Ort Kinderhaus.

Gut Kinderhaus

Nachdem uns das Museum dieses ernste, aber wichtige Thema etwas nähergebracht hat, zieht es uns wieder hinaus ins Grüne. Von den Museumsgebäuden führt uns der Fuß- und Radweg über den Kinderbach zur **Waldschule.** Rechts über den Schulhof spazieren wir geradeaus in den angrenzenden Wald. An der nächsten Gabelung biegen wir rechts ab und folgen diesem Weg, bis wir aus dem Wald wieder heraustreten. Links, direkt am Waldrand, befindet sich eine Mietgartenanlage. Wir folgen dem Weg entlang einer alten Baumreihe und entdecken hinter den Weideflächen die ersten Gebäude von 6 **Gut Kinderhaus.** Wir passieren den kleinen Parkplatz und biegen links auf das Hofgelände ein. Ein restauriertes Fachwerkgebäude empfängt uns mit seinem freundlich hellblau gestrichenen Holzgiebel, seinen blauen Fensterläden und dem markanten Scheunentor.

Früher stand der ehemalige Schulzenhof Brüning in enger Beziehung zum Leprahospital. So waren die Hofinhaber verpflichtet, verschiedene Aufgaben zu erledigen, zum Beispiel regelmäßige Fahrdienste in die Stadt zu übernehmen. Heute ist die Westfalenfleiß GmbH Eigentümerin der Hofanlage. Der Gutshof ist zur Wohnstätte und zum Arbeitsplatz für erwachsene Menschen mit Beeinträchtigung geworden. Der Anbau von Obst und Gemüse auf dem

Obstspaller auf Gut Kinderhaus

Hofgelände sowie die Tierhaltung bieten den Bewohnern einen idealen Arbeitsplatz in unmittelbarer Nähe zu ihrer Wohnung. Wir schlendern geradeaus über das Hofgelände, vorbei an einem kleinen Spielplatz, bis wir wieder im Wald angekommen sind.

Gleich an der ersten Gabelung gehen wir links und am zweiten Abzweig rechts. Ein breiter Schotterweg führt uns kerzengerade am Ortsrand von Kinderhaus entlang. Der Weg wird von einer alten Baumallee aus Stieleichen gesäumt. Auf der rechten Seite blicken wir zunächst auf eine große Ackerfläche, später schließt eine Waldfläche an. Sobald wir diese Waldfläche rechts erkennen, achten wir auf den zweiten Abzweig nach links in den Ort hinein, er führt uns über einen kleinen Spielplatz zur **Meinertzstraße.** Dieser Straße folgen wir nach rechts bis zur Straße Brüningheide. Links sehen wir schon die Bushaltestelle Meinertzstraße, der Endpunkt unseres Spaziergangs. Wir überqueren die Straße **Brüningheide** und steigen in den Stadtbus Nummer 15 oder 16. Beide Buslinien bringen uns stadteinwärts wieder zum Ausgangspunkt unserer Tour zurück.

Ackerflächen beim Gut Kinderhaus

NOCH MEHR NATURERLEBNIS IN MÜNSTER

Der **Botanische Garten** direkt hinter dem Münsteraner Schloss ist ein beliebtes Ausflugsziel mitten in der Stadt. Zu jeder Jahreszeit können hier Pflanzen verschiedenster Lebensräume bestaunt werden. In der Orangerie finden regelmäßig Ausstellungen statt.
Am nördlichen Stadtrand liegt das **Naturschutzgebiet Rieselfelder.** Aus den ehemaligen Verrieselungsflächen für Abwässer der Stadt hat sich ein Vogelschutzgebiet von europäischem Rang entwickelt. Ausstellungen in der Biologischen Station und im Rieselfeldhof informieren über die Geschichte und die Tierarten im Schutzgebiet. Von mehreren Kanzeln aus lassen sich zahlreiche Vogelarten beobachten. Das Fernglas nicht vergessen!
Am südlichen Stadtrand liegt das Parkgelände der **NABU-Naturschutzstation Münsterland** mit seinen Naturerlebnispfaden am Haus Heidhorn. Auf dem naturnahen Gelände lassen sich typische Tiere und Pflanzen des Münsterlandes entdecken. Bauerngarten, Bienenhaus oder die Schafherde auf der Streuobstwiese begeistern zu jeder Jahreszeit. Ein gemütlicher Picknickplatz lädt zur Pause ein.
Auf dem Alexianer-Gelände nahe dem Stadtteil Amelsbüren sorgen gleich zwei Parkanlagen für Naturerfahrungen. Der **Sinnespark mit Kräutergarten** und zahlreichen Erfahrungsstationen regt alle Sinne an. Der **Garten der Stille** ist ein Ort zur stillen Naturerfahrung. Mehrere unterschiedlich gestaltete Themengärten, eingefasst mit dichten Hecken, bieten Raum für Naturbeobachtung und innere Einkehr.
Münster hat auch Berge zu bieten oder sagen wir besser Hügel. Wer also gerne einmal bergauf geht, sollte das **Naturschutzgebiet Vorbergs Hügel** besuchen. Es liegt nördlich des Stadtteils Nienberge und stellt mit fast 100 Höhenmetern die höchste Erhebung Münsters dar. Alte Buchenwälder ermöglichen ein ganz besonderes Naturerlebnis.

10

Start/Ziel: Bushaltestelle Willy-Brandt-Weg
Länge: ca. 8,2 Kilometer (abgekürzt ca. 5,4 Kilometer)
Dauer: ca. 3,5 Stunden (abgekürzt ca. 2,5 Stunden)
ÖPNV: Haltestelle Willy-Brandt-Weg
Parken: Parkbbuchten am Willy-Brandt-Weg, 48155 Münster

UNTERWEGS ENTDECKT

1. Wasseraufbereitungsanlage Loddenheide
2. Friedenspark
3. Konzertsaal Friedenskapelle
4. Silokunst
5. Dreieckshafen
6. Dortmund-Ems-Kanal
7. Schmitz-Kühlken
8. Klinkerfassade

ESSEN + TRINKEN

Ristorante Da Vinci, Linus-Pauling-Weg 8, 48155 Münster, Tel. (02 51) 6 06 59 15, davinci-ms.de (traditionelle und moderne italienische Küche im Gewerbegebiet am Friedenspark; Sonnenterrasse mit Seeblick)
Restaurant Artusi, Martin-Luther-King-Weg 11, 48155 Münster, Tel. (02 51) 6 06 88 00, artusi.de (italienische Spezialitäten)
Der gute Bäcker Krimphove, Loddenheide 45, 48155 Münster, Tel. (02 51) 1 33 22 10, krimphove.de (münsteraner und französische Backkunst)

DER FRIEDENSPARK

Gewerbe und Parklandschaft am Kanal

Der Friedenspark liegt mitten im Gewerbegebiet Loddenheide an der stark befahrenen Ortsausfallstraße Albersloher Weg. Erst bei näherem Betrachten und beim Durchspazieren erkennt man die wunderbar friedliche Atmosphäre und vergisst, dass man sich in einem Gewerbegebiet befindet. Kein Geringerer als der Dalai Lama hat den Park eingeweiht und die Straßen durch das Gewerbegebiet sind alle nach Friedensnobelpreisträgern benannt. Da liegt es nahe, dass die ehemalige Garnisonskirche des früher ansässigen britischen Militärs heute Friedenskapelle heißt.

Unser Weg beginnt im Gewerbegebiet Loddenheide. Allerdings ist von der Heidelandschaft nichts mehr zu sehen. Auch *Lodden,* im Niederdeutschen die Bezeichnung für die jungen Zweige der Kopfweiden, werden hier nicht mehr geschnitten und zu Körben geflochten. Von den ehemaligen Nutzungen dieses Gebietes als Exerzierplatz, Pferderennbahn oder Startplatz für Freiballons ist ebenso wenig zu erkennen wie vom Militärflughafen der Nationalsozialisten oder den Kasernen und Lagerhallen des britischen Militärs. Als das Gebiet um 1993 frei wurde, entwickelte sich aus dem Militärgelände ein modernes Gewerbegebiet. Die integrierten großflächigen Grünanlagen erhielten den Namen Friedenspark.

Zunächst gehen wir von der Bushaltestelle den **Albersloher Weg** wenige Schritte weiter stadtauswärts entlang und biegen dann rechts ab auf den Fußweg in den Friedenspark. Rechts wird der Weg von gewerblichen Gebäuden gesäumt, links von der Ufervegetation eines Teichs. Hinter den Sträuchern taucht links eine riesige verglaste Scheibe auf. Daneben sind eine Grube und ein rundes Becken zu erkennen. Wir stehen vor der 1 **Wasseraufbereitungsanlage Loddenheide,** einer modernen Interpretation von Kläranlage. Das chemische Zeichen für Wasser H_2O wird je nach Blickwinkel auf dem Metallgitter des Klär-

Wasseraufbereitungsanlage Loddenheide

beckens sichtbar. Auch das Innere des Pumpwerkes ist durch die Glasscheiben in Umrissen zu sehen. Dieses Bauobjekt der Münsteraner Architekten Bolles+Willson war Teil der Ausstellung im deutschen Pavillon auf der 9. Architekturbiennale in Venedig 2004.

Wir spazieren weiter geradeaus über die erste Wegkreuzung und sehen links einen großen Kastanienbaum und einen Gedenkstein. Die Kastanie wurde 1998 zur feierlichen Eröffnung des 2 **Friedensparks** vom 14. Dalai Lama Tenzin Gyatso gepflanzt. Als Zeichen für die Bedeutung des Friedens auf der Welt bekräftigte man die Umwidmung des ehemaligen britischen Militärgeländes durch die Pflanzung weiterer Friedenslinden. Der Park ist öffentlich zugänglich und wird von den Anwohnern und Beschäftigten des Gewerbegebietes gerne genutzt.

Die Friedenskapelle ist bekannt für ihr außergewöhnliches Ambiente und ihre hervorragende Akustik.

Nach Überquerung der alten Bahngleise biegen wir an der nächsten Wegkreuzung rechts ab. Der Fußweg führt direkt auf die 3 **Friedenskapelle** zu. Nach Abzug der Engländer konnte die inzwischen verfallene Garnisonskirche mit Unterstützung eines engagierten Unternehmers aus Münster aufwendig restauriert werden. Seit 2003 wird die Friedenskapelle für kulturelle Veranstaltungen und private Feiern genutzt. Hinter dem Gebäude biegen wir links ab und folgen der Straße **Willy-Brandt-Weg,** bis wir wieder auf die Grünflächen des Friedensparks stoßen. Dort gehen wir nach rechts auf dem Fuß- und Radweg bis zum Ende des Parks an der Straße **Loddenheide.** Diese überqueren wir auf geradem Weg und folgen nun der **Eulerstraße** bis zur Unterführung der Bundesstraße 51.

Friedenspark

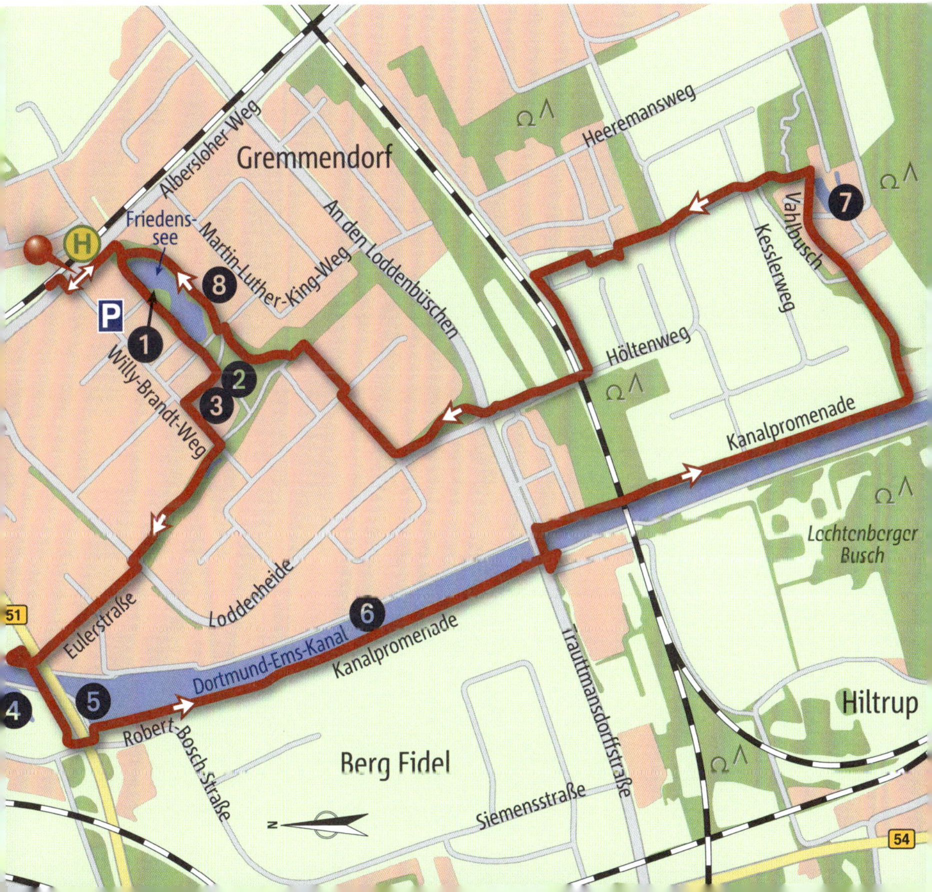

Friedenskapelle

Silokunst

Wir sind am **Dortmund-Ems-Kanal** angekommen. Auf der gegenüberliegenden Kanalseite fällt ein überdimensionales Bild an den Rundungen der neun Silotürme der AGRAVIS Raiffeisen AG auf. Die 4 **Silokunst** zeigt einen Stier, dessen Darstellung an frühzeitliche Höhlenmalerei erinnert. Das ist vom Künstler Pellegrino Ritter aus Münster auch so beabsichtigt, denn der Stier vermittelt seit jeher Kraft sowie Stärke und darin besteht laut Ritter die Verbindung zum auftraggebenden Kraftfutterwerk. Das Banner ist mehr als 1300 Quadratmeter groß und wurde, nachdem die erste Version ausgeblichen war, im Jahr 2011 von Industriekletterern neu montiert.

Unser Weg führt uns nun auf die andere Kanalseite. Dazu steigen wir rechts die Treppe hoch, um parallel zur Brücke der Bundesstraße 51 den Kanal zu überqueren. Von oben bietet sich ein weiterer Ausblick auf die Silokunst und im Hintergrund auf die Silhouette Münsters. Am Ende der abwärts führenden Rampe biegen wir scharf links ab, unterqueren die Bundesstraße 51 und gelangen links über einen kurzen Stichweg wieder zum Kanal. Wir sind am 5 **Dreieckshafen** von Münster angekommen, dem „Schlafplatz" der Frachtschiffe auf dem Weg nach Dortmund oder Richtung Emsmündung in die Nordsee. Noch ist hier bis auf die Baustellentätigkeit wenig Leben am Kanalufer. Doch die ersten Gebäude eines geplanten **Bürocampus** stehen bereits. Ein 17 Stockwerke umfassender Büroturm soll bald schon den Dreieckshafen markieren. Nach Fertigstellung wird hier ein attraktiver Abschnitt der Kanalpromenade entstehen.

Dreieckshafen

Wir schlendern entlang der Baustelle stadtauswärts und können uns nun auf einen ruhigen Wegeabschnitt entlang des 6 **Dortmund-Ems-Kanals** freuen. Ab und zu

Dortmund-Ems-Kanal

tuckert ein Frachtschiff vorbei, abends oder an Wochenenden auch mal die MS Günther, vollbeladen mit fröhlichen Menschen in Feierlaune. Der Kanal ist in Münster ein beliebtes Naherholungsgebiet für Spaziergänger. Für Radfahrer wird der Weg entlang der Südseite abschnittweise zu einer attraktiven Route von 27 Kilometer Länge durch das gesamte Stadtgebiet ausgebaut. Nach Fertigstellung soll die Kanalpromenade auch Berufstätige und Studierende aufs Fahrrad locken. Freizeitradler werden sich über das Angebot genauso freuen und wer weiterradeln möchte, auch kein Problem, ein ausgewiesener Radweg entlang der Wasserstraße führt bis nach Emden.

Doch wir bleiben in Münster und schlendern hier entlang des ersten großen Kanals, der in Deutschland gebaut wurde. Bis zur Fertigstellung im Jahr 1899 wurde 7 Jahre lang mit Spitzhacke und Schaufel Schwerstarbeit geleistet. Das neue Bauwerk von 265 Kilometer Länge umfasste 20 Schleusen, mehr als 200 Brücken und das bekannte, inzwischen denkmalgeschützte **Schiffshebewerk Henrichenburg** in Waltrop. Kein Wunder, dass zur Einweihung der Kaiser persönlich vorbeikam. Als Verbindung des Ruhrgebiets mit der Nordsee war der Dortmund-Ems-Kanal das Rückgrat des Westdeutschen Kanalnetzes. Heute ist die Strecke bis zum Nassen Dreieck bei Bevergern eine wichtige Anbindung für das West-Ost-Wasserstraßennetz Richtung Weser, Elbe und bis nach Berlin. Seit Jahren bereits findet der Ausbau der Kanalstrecke statt, damit hier in Zukunft auch Großmotorgüterschiffe fahren können. Diese Riesen weisen eine Schiffslänge von bis zu 110 Metern auf und können bis zu 2100 Tonnen Güter transportieren. Kaum vorstellbar, erscheinen uns doch die heute vorbeituckernden Frachtschiffe bereits beeindruckend groß.

Wir schlendern entspannt an der Wasserstraße entlang. Auf der gegenüberliegenden Seite erkennen wir die Gebäude im Gewerbegebiet Loddenheide. Direkt nach der ersten Brückenunterführung steigen wir rechts die schmale Treppe hoch auf die **Kanalbrücke,** um auf die andere Uferseite zu gelangen. Wer diesen Spaziergang abkürzen möchte, folgt nach der Kanalquerung der Straße geradeaus weiter bis zur nächsten großen Ampelkreuzung An den Loddenbüschen, Loddenheide, Höltenweg. Hier stoßen wir auf die Route der Langstrecke.

Kleingärtnerverein Ketteler

Sollten wir Gefallen gefunden haben an der stillen Atmosphäre des Kanalseitenweges, dann gehen wir nach der Überquerung des Kanals über die Treppe wieder hinab zur Kanalpromenade. Hier können wir nun auf der südlichen Uferseite nochmals rund 1 Kilometer Entschleunigung entlang der Wasserstraße genießen. Eine Gewerbfläche schiebt sich an dieser Stelle bis an die Kanalpromenade heran. Vor der nächsten großen Wiesenfläche, einem Ballonstartplatz, biegen wir links ab. Rechter Hand liegt das Clubhaus des Montgolfieren Clubs Gremmendorf e. V.

Geradeaus weiter gelangen wir zu einer kleinen Wohnsiedlung mit dem Namen 7 **Schmitz-Kühlken.** Die Sied-

Klinkerfassade Textilverbandsgebäude

lung ist wirklich klein, denn sie besteht aus nur drei Wohnstraßen und zwei Teichen, die hier *Kühlken* genannt werden. Das heißt übersetzt kleine Grube oder Kuhle. Sie gehörten ehemals zu einer Ziegelei des Apothekers Schmitz, der an dieser Stelle den mergeligen Ton abbauen ließ. Später entstand im Bereich der ehemaligen Tongruben diese kleine Wohnsiedlung. Die Kühlkens sind heute noch erhalten und die Anwohner, die sich Schmitz-Kühlkenerinnen und Schmitz-Kühlkener nennen, sind stolz auf ihre kleine Siedlung im Grünen und am Wasser. Für den Informationsaustausch untereinander wurde eigens der Schmitz-Kühlken-Bote im Netz eingerichtet.

Wir folgen der Straße **Vahlbusch** geradeaus durch die Siedlung bis zur nächsten T-Kreuzung. Rechts hinter Bäumen und Sträuchern versteckt liegt einer der beiden Teiche. Wir wenden uns nach links, gehen ein kurzes Stück durch ein Wäldchen und gelangen ins Gewerbegebiet am **Höltenweg.** Hier folgen wir der Straße weiter geradeaus bis zu einer scharfen Linkskurve. Dort biegen wir jedoch nicht ab, sondern wechseln auf den Fußweg, der uns weiter geradeaus zur Anlage des **Kleingärtnervereins Ketteler e. V.** führt. Von April bis September können wir zwischen 9 und 20 Uhr den öffentlichen Weg durch die Kleingartenanlage nutzen.

In der Kleingartenanlage Ketteler e. V. wird seit rund 70 Jahren gegärtnert.

Der Eingang befindet sich auf der linken Seite auf Höhe des Vereinsheimes. Direkt hinter dem Gebäude zweigen wir rechts ab und an der nächsten Gabelung nochmals rechts. Danach schlendern wir auf geradem Weg durch die Gartenvielfalt bis zum Ausgang am Münnichweg. In den Wintermonaten, wenn die Kleingartenanlage geschlossen bleibt, folgen wir dem Fußweg außerhalb der Kleingartenanlage bis zum **Münnichweg.** Dort biegen wir links ab und kommen, vorbei an dem Ausgang der Kleingartenanlage, wieder auf die Straße Höltenweg. Rechts geht es unter der Bahnlinie hindurch zur großen Ampelkreuzung An den Loddenbüschen, Loddenheide, **Höltenweg.** An dieser Stelle trifft die Wegführung der Abkürzungsstrecke auf unsere Route.

Theater Münster

Nach Überquerung der Straßenkreuzung gehen wir geradeaus durch die kleine Grünanlage entlang der Straße Loddenheide in das Gewerbegebiet hinein. Am nächsten Abzweig folgen wir rechts dem **Gustav-Stresemann-Weg** und gelangen geradeaus auf einem Fuß- und Radweg zurück in den **Friedenspark.** Unsere Runde ist fast geschlossen. Wir halten uns direkt rechts und erkennen am anderen Ende des Parkgeländes die Friedensbäume und vor uns den großen Teich, an dem wir zu Beginn der Tour entlangspaziert sind.

Für den Rückweg zur Bushaltestelle wählen wir nun die gegenüberliegende Uferseite. Das heißt, wir bleiben rechts auf dem Weg zwischen Teich und Bebauung. Hier gibt es noch ein Architektur-Highlight zu bestaunen: Das zweite lang gestreckte Gebäude direkt am Weg, jedoch etwas versteckt hinter Gebüsch, ist mit einer auffallenden 8 **Klinkerfassade** ausgestattet. Wer mag, kann den kleinen Trampelpfad nutzen, um auf die andere Seite des Gebäudes zu gelangen. Von hier ist die gesamte Gebäudefront einzusehen. Entsprechend dem Firmensitz der Verwaltung des nordwestdeutschen Textilverbandes hat das Architekturbüro Behet Bondzio Lin aus Münster die Fassade einem bewegten Tuch nachempfunden. Spezielle Ziegelsteinformate und die besondere Art des Einbaus ergeben ein verblüffendes Spiel aus Licht und Schatten, vermitteln Bewegung und Leichtigkeit, obwohl wir doch vor einer großflächigen steinernen Gebäudefassade stehen.

Zurück auf dem Fußweg gelangen wir am Ufer entlang zum **Albersloher Weg,** dem Ausgangspunkt unseres Spaziergangs. Die Bushaltestelle für die Rückfahrt befindet sich auf der gegenüberliegenden Straßenseite einige Meter stadteinwärts.

TIPPS FÜR DEN KULTURELLEN TAGESAUSKLANG

Neben einem **Konzertbesuch in der Friedenskapelle** gibt es eine große Auswahl an Kultureinrichtungen mit tollen Programmpunkten:
Das **Theater Münster** im Zentrum der Stadt wartet mit Musiktheater, Schauspiel, Tanztheater, Kinder- und Jugendtheater sowie der Niederdeutschen Bühne auf. Konzerte, Lesungen und Vorträge ergänzen das Programm.
Das **Wolfgang Borchert Theater,** eines der ältesten professionellen Privattheater Deutschlands, legt seinen Schwerpunkt auf literarisch orientierte klassische und zeitgenössische Stücke (siehe Spaziergang 5).
Im **Boulevard Theater** werden im eleganten Rahmen bei einem Glas Sekt Komödien zum Schmunzeln und Staunen gezeigt.
Das **Theater im Pumpenhaus** ist eines der ersten freien Theater Deutschlands. Es bietet internationalen Künstlern unterschiedlichster Genres und oft unkonventioneller Spielart eine Bühne.
Freuynde + Gaesdte ist ein freies Theaterensemble, das verschiedene Orte der Stadt bespielt: vom Aasee über Prozessionsweg bis zum Zwinger.
Auch das Kammertheater **Der Kleine Bühnenboden** ist ein freies Theater, jedoch mit festem Standort an der Schillerstraße.
Das **GOP Varieté-Theater** begeistert mit internationalen Artisten und Varieté-Kunst.
Das **Charivari Puppentheater** erfreut Kinder und Erwachsene gleichermaßen mit Kasper, Prinzessin, Großmutter oder Teufel. Rund 300 Figuren für über 30 verschiedene Stücke sind spielbereit.
Auf der **Theaterbühne im Kreativ-Haus** treten international renommierte Ensembles auf, aber auch Münsteraner Gruppen.
Das **Theater in der Meerwiese** bietet ein vielfältiges Programm für Kinder, Jugendliche und Erwachsene an. Außerdem gibt es den Theaterkinderclub mit Theater zum Mitmachen.

11

Start/Ziel: Bushaltestelle Heidehof
Länge: ca. 6,4 Kilometer
Dauer: ca. 2,5 Stunden
ÖPNV: Haltestelle Heidehof
Parken: Parkplatz Dyckburg, Dyckburgstraße 220, 48157 Münster

UNTERWEGS ENTDECKT

1. Dyckburg
2. Gymnasium St. Mauritz
3. Boniburg
4. Werse
5. St.-Petronilla-Kirche
6. Bildstock Heiliger Hubertus

ESSEN + TRINKEN

Eiscafé Giardino, Handorfer Straße 1–3, 48157 Münster,
Tel. (02 51) 32 65 77, eiscafe-giardino.de
(Eisspezialitäten aus eigener Herstellung; Haselnusseis und Waffeln mit Vanilleeis besonders empfehlenswert)

DER BONIBURGER WALD

Geschichte an der Werse

Dyckburg, Boniburg und Vorsehungskloster sind drei geschichtsträchtige Orte an der Werse, nahe dem Stadtteil Handorf. Alle drei liegen am Rande oder direkt im Boniburger Wald, einem beliebten Ausflugsziel für Münsteranerinnen und Münsteraner. Die bewegte Geschichte dieser Orte ist bei einem Spaziergang auf den ersten Blick nicht zu erkennen. Doch es lohnt sich, genauer hinzuschauen, machen wir uns also auf den Weg.

Der Stadtbus hat uns in ein Waldgebiet im Osten der Stadt Münster gebracht. Wir folgen dem Straßenverlauf weiter stadtauswärts bis zur **Dyckburgstraße** und biegen dort rechts ab. Über den parallel zur Straße verlaufenden Radweg gelangen wir geradeaus zur Burganlage auf der linken Straßenseite. Ein Hinweisschild zeigt die Stelle an, wo wir die Straße queren müssen. Zwei schwungvoll gemauerte Torpfeiler empfangen uns würdevoll auf dem Anwesen. Von früher, viel früher um 1400, stammt die erste urkundliche Erwähnung des **Herrenhauses** an dieser Stelle mit der schlichten Bezeichnung *mansus do dyke.* Die Übersetzung „Haus am Teich“ ist in dem liebevoll zusammengestellten Infoheftchen der katholischen Kirchengemeinde St. Petronilla zu finden, es liegt in der Dyckburg-Kirche aus.

Wassergraben an der Dyckburg

Früher wohnten auf der ❶ **Dyckburg** mehrere Generationen Bürgermeister der Stadt Münster. Das heutige Aussehen der ehemaligen Wasserburg mit Toranlage und zwei

Dyckburg-Kirche

Wirtschaftsgebäuden ist auf die Planung des bekannten Westfälischen Barockbaumeisters Johann Conrad Schlaun zurückzuführen. Für die kleine Kapelle aus dem Jahr 1740 wurde keine Geringere als die Wallfahrtsbasilika von Loreto an der italienischen Adriaküste zum Vorbild gewählt. Rund 150 Jahre später beauftragte der damals neue Besitzer, Reichsgraf von Hatzfeld-Trachenberg, einen achteckigen Erweiterungsbau mit Chorraum im neobarocken Stil. Weitere 20 Jahre später folgte der Anbau einer Grabkapelle. Mit diesem Hintergrundwissen erkennen wir beim Eintreten das ursprüngliche Ausmaß der „kleinen" Kapelle aus Schlauns Hand. Im Innenraum sind aufwendige Details am Chorgestühl und in der Grabkapelle zu bestaunen.

Die **Dyckburg-Kirche** ist heute ein beliebter Ort für Trauungen. Mit dem Kreuzweg rund um das Kirchengebäude ist sie auch Teil des Jakobspilgerweges. Ein Barfußpfad führt entlang der Kreuzwegstationen, vielleicht eine Möglichkeit, unsere Füße auf diesen Spaziergang vorzubereiten. In einem der ehemaligen Wirtschaftsgebäude hat seit 1997 ein Waldkindergarten seinen Standort. Die Räume im historischen Gebäude werden jedoch eher selten von den Kindern genutzt, sie sind überwiegend im angrenzenden Wald unterwegs.

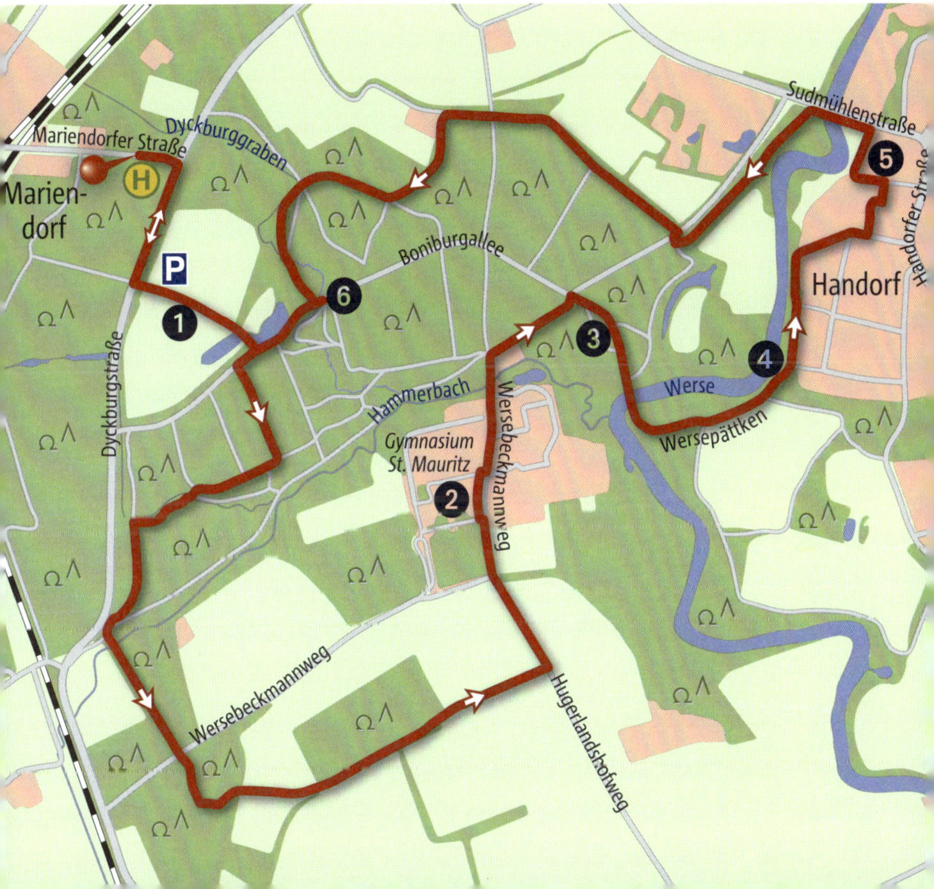

Dyckburgwald

Beim Verlassen des Anwesens passieren wir eine weitere Toranlage und queren nach wenigen Metern eine alte Brücke. An dieser Stelle sind Grabenreste der ehemaligen Wasserburg zu erkennen. Geradeaus stoßen wir auf die **Boniburgallee,** der wir nach rechts auf dem parallel verlaufenden schmalen Fußweg folgen. Und dann geht's ab in den Wald.

Jeweils bei der ersten Möglichkeit biegen wir erst links, dann rechts ab. Schon taucht links eine Holzbrücke auf, die uns über ein kleines Bachtal führt. Im Sommer herrscht hier leider Trockenheit. Wir passieren die Holzschranke und wandern geradeaus weiter. Eine weitere Holzbrücke lassen wir rechts liegen und gehen links weiter bis zum Waldrand. Rechts taucht ein Wohnhaus auf und ab und zu fährt auf der **Dyckburgstraße** ein Auto entlang. Wir halten uns links und entdecken an einer alten Eiche ein Holzschild mit der Aufschrift „Wanderweg". Hier sind wir richtig. Ein schöner Pfad gesäumt von alten Bäumen führt uns geradeaus wieder in den Wald hinein. Die Straße **Wersebeckmannweg,** das Schild der Bushaltestelle verrät uns den Straßennamen, überqueren wir geradeaus. Schon tauchen wir gegenüber auf dem schmalen Pfad direkt wieder in den Wald ein. An der nächsten Möglichkeit biegen wir links ab und folgen nun dem Weg geradeaus vorbei an Wäldchen, Wiesen und Weiden. Ab und zu begegnet uns eine Joggerin oder ein Jogger, sonst sind wir umgeben von Stille und Landschaft.

Am Hugerlandshof findet jährlich das große Polopicknick Münster statt – Picknickkorb bitte selbst mitbringen.

Der Weg führt uns direkt zum **Hugerlandshofweg.** Die weitläufigen Pferdeweiden ringsum gehören zum Hugerlandshof rechts vor uns. Die Hofanlage ist seit 1997 im Besitz von Pferdeliebhabern. Nach dem Umbau der ehemaligen Gaststätte entstand dort ein moderner Reiterhof. Wir gehen jedoch nicht Richtung Hof, sondern biegen am Hugerlandshofweg links ab. Nach wenigen Metern taucht hinter Bäumen und Sträuchern versteckt ein großes Backsteingebäude auf. Der Wegweiser mit der Aufschrift 2 **Gymnasium St. Mauritz** verrät uns, dass wir es mit einer Schule zu tun haben. Sind wir vor dem

Gymnasium St. Mauritz

Boniburg

Gebäude angelangt, erkennen wir zunächst die Kapelle mit dem schlank aufragenden Turm. Dieser erste Eindruck lässt keine Schule hinter dem alten Gemäuer vermuten, eher ein Kloster. Tatsächlich war dieser Ort seit seiner Gründung im Jahr 1897 Kloster und Schule zugleich. Die Ordensgemeinschaft der Schwestern von der Göttlichen Vorsehung baute damals an dieser Stelle das Vorsehungskloster mit Pensionatsschule auf.

Mädchenförderung war das Ziel des Ordens und so entwickelte sich aus dem Internat mit anfänglich 60 Schülerinnen nach wenigen Jahren eine weit über die Grenzen des Münsterlandes hinaus anerkannte Höhere Lehranstalt. Das Kloster mit der Klosterschule war eine Selbstversorgereinrichtung. Die Erträge der Landwirtschaft wurden in der eigenen Schlachterei und Bäckerei verarbeitet. Vom Schuster und Schreiner bis zum Zahnarzt und Krankenzimmern war alles im Kloster vorhanden. Nach der Schließung während des Zweiten Weltkriegs war es die Klosterschule, die 1946 als erste Schule der Stadt Münster wieder ihre Pforten öffnete, nur für Mädchen. Jungen waren erst ab 1983 zugelassen. Heute ist das Gymnasium St. Mauritz eine moderne Ganztagsschule für circa 800 Schülerinnen und Schüler in Trägerschaft des Bistums Münster. Die Ordensschwestern mussten sich nach der Schließung des Internats in ein Nebengebäude des Klosters zurückziehen. Dort gestalteten sie ihr neues Zuhause zu einem Ort der Stille und Einkehr mit dem Schwerpunkt auf seelsorgerischer und spiritueller Begleitung. Das von den Ordensschwestern benannte **Haus Emmaus** liegt etwas versteckt hinter dem Gebäudekomplex der heutigen Schule.

Auf der rechten Seite fällt uns eine **Birkenallee** auf. Sie führt zum Klosterfriedhof, auf dem seit 1900 Ordensschwestern ihre letzte Ruhestätte finden. Die weit mehr als 1000 Grabstellen lassen ein reges und vielfältiges Klosterleben erahnen. Wir spazieren quer durch das Schulgelände vorbei am Schulgarten und der neuen Sporthalle bis zur alten Grenzmauer. Dort biegen wir rechts ab und folgen dem Weg am Waldrand und der Backsteinmauer entlang

DIE GESCHICHTE DER BONIBURG

In der Literatur ist für Olga von Manoukbey, des Reichsgrafen Ehefrau, der Name „Schweineprinzessin“ zu finden, zurückzuführen auf viele Tausend Schweine, welche die Prinzessin als Aussteuer mit in die Ehe gebracht haben soll. Die reiche Heirat ermöglichte dem Grafen ein unbeschwertes Leben. Nach und nach ließ er die Villa zu einem imposanten Schloss umbauen, benannt nach seinem Vornamen Boniburg. Auch der angrenzende Wald ist auf ihn zurückzuführen. Als leidenschaftlicher Jäger ließ er die Flächen aufforsten, das Gebiet heißt bis heute Boniburger Wald. 1884 kaufte er das benachbarte Gut Dyckburg und beauftragte die Erweiterung der kleinen Loretokapelle. In der angebauten Grabkapelle wurden seine Frau und er selbst beigesetzt.

Nach dem Tod des Reichsgrafen und seiner Frau ging die Boniburg im Jahr 1924 in den Besitz der Stadt Münster über. Es begann eine neue Ära, denn aus dem Privatbesitz entstand ein beliebtes Ausflugslokal mit dem beeindruckenden Namen Kurhaus Schloss Boniburg. Endlich kam auch die Münsteraner Bevölkerung in den Genuss dieser schönen Schlossanlage. Die parkähnlichen Außenanlagen wurden mit Gartenterrassen zur Werse hin und einer Bootsanlegestelle ergänzt. Neben Kaffee und Kuchen bot man auch Tanz- und Konzertveranstaltungen an, die zahlreiche Sonntagsausflügler hinaus aus der Stadt zur Boniburg lockten.

Heute ist dieses bunte Treiben an dem inzwischen ruhigen Ort kaum mehr vorstellbar. Nicht einmal die lange Zeit stadtbekannte Boniburg-Buche erinnert mehr an den einstigen Schlosspark. Sie war mit mehr als 6 Meter Stammumfang dickster Baum Münsters, bis die alte Baumkrone 2010 in sich zusammenbrach. Nur noch ein Schild erinnert an den mächtigen Baum.

bis zur nächsten Kreuzung. Hier durchschreiten wir das alte schmiedeeiserne Tor nach rechts und gelangen auf eine große Waldlichtung. An dieser Stelle standen noch bis vor rund 50 Jahren die Reste der 3 **Boniburg.** Eine Infotafel und der mit Steinen markierte Grundriss erinnern heute an den Werdegang des ehemals herrschaftlichen Anwesens. Die 1870 erbaute Villa wurde früh vom Reichsgrafen Bonifazius von Hatzfeld-Trachenberg (1854–1921) erworben und ab 1878 zusammen mit seiner moldawischen Ehefrau Prinzessin Olga von Manoukbey bewohnt.

Wir verlassen diesen geschichtsträchtigen Ort und erreichen nach wenigen Schritten den romantischen Bachlauf der 4 **Werse.** Eine weite Bogenbrücke bringt uns auf die andere Uferseite. Der Weg führt uns zunächst durch ein

Wäldchen und eine kurze Rampe hinauf. Von oben erkennen wir durch die Bäume links unten den Bachlauf.

Wir folgen nun dem Werse-Ufer bis zum Ortsrand von Münsters Stadtteil Handorf. Zwischen den ersten Wohnhäusern hindurch gelangen wir zu einem großen Parkplatz. Von hier aus sehen wir links den Turm der 5 **St.-Petronilla-Kirche,** die wir als Nächstes besuchen wollen. Zu dieser Kirche gibt es zwei bemerkenswerte Geschichten. Der Kirchturm, der im 19. Jahrhundert zur vorhandenen Kirche aus dem Jahr 1700 hinzugebaut wurde, musste abgetragen werden. 1942 kam der Befehl des Luftgaukommandanten, den Turm bis auf die Höhe des Dachfirstes zu entfernen, um den Anflug zum nahen Militärflugplatz nicht zu stören. Wie wir sehen können, wurde er später wiederaufgebaut.

Der idyllische Fluss Werse lässt sich gut mit dem Kanu befahren, Einstiegspunkt ist die Pleistermühle.

Die andere Geschichte hat in Münster und weltweit per Internet ebenfalls für Schlagzeilen gesorgt. Wer aufmerk-

Kirche St. Petronilla

sam geschaut hat, findet ein kleines Schild an der Hauswand des **Pfarrhauses** direkt gegenüber der Kirche mit der Aufschrift „Radfahrer absteigen! ausgen. Frau Westermann“. Die schmale Gasse zwischen Kirche und Pfarrhaus sollte wohl Fußgängern vorbehalten bleiben, aber wer war Frau Westermann und wieso wurde bei ihr eine Ausnahme gemacht? Sie war lange Jahre Küsterin in St. Petronilla, voller Leidenschaft fürs Amt und fürs Radfahren. Ein Verbotsschild wäre für sie kein Hinderungsgrund gewesen, diese schmale Gasse zu befahren, auch nicht mit ihren stolzen 83 Jahren. Also wurde dieses Schild im Jahr 1991 im Beisein von Frau Westermann mit einem Augenzwinkern, aber auch mit Respekt für ihr Engagement feierlich enthüllt. Jedes Jahr zum ersten Advent wird zwischen der Kirche St. Petronilla und der Dyckburgkirche der **Handorfer Krippenweg** aufgebaut. Mit inzwischen mehr als 100 Krippen hat sich die aus einer Privatinitiative entstandene Ausstellung zu einer festen Größe in Handorf entwickelt. Getragen von ehrenamtlichem Engagement entsteht jedes Jahr in der hektischen Vorweihnachtszeit eine einzigartige Ruheinsel im Boniburger Wald.

Handorfer Krippenweg

Bildstock Heiliger Hubertus

Wir verlassen nun die Kirche St. Petronilla über den Fußweg auf der Rückseite des Gebäudes. Er führt uns zur **Sudmühlenstraße** und weiter nach links über die Werse. Direkt nach der Brücke nehmen wir den Fußweg abwärts in das Wäldchen. Ein schmaler Pfad leitet uns mal mehr, mal weniger nah an der Werse entlang. An der zweiten Möglichkeit biegen wir rechts ab, überqueren die Boniburgallee geradeaus und folgen jetzt dem schmalen Pfad am Waldrand entlang. Sobald sich der Weg gabelt, spazieren wir nicht rechts, sondern links in den Wald hinein. Geradeaus kommen wir bald zu einem einzelnen Wohnhaus. Dort zweigen wir vor dem Haus links ab. Wir sind nun wieder tief im Boniburger Wald angekommen. Damit wir die Orientierung nicht verlieren, müssen wir gut auf die Wegbeschreibung achten. An der ersten Kreuzung nach dem Wohnhaus biegen wir rechts ab und an der darauffolgenden Kreuzung gehen wir geradeaus weiter. Dieser Weg führt über einen kleinen Wassergraben zurück zur **Boniburgallee.**

Auf der gegenüberliegenden Straßenseite können wir nochmals ein Relikt aus der Zeit des Reichsgrafen bestaunen, den 6 **Bildstock Heiliger Hubertus.** Zur Erinnerung an Franz von Olfers, den Vermögensverwalter und Freund des Grafenpaares, wurde 1888 an dieser Stelle der Hubertus-Bildstock eingeweiht. Franz von Olfers verunglückte bei einer der zahlreichen gemeinsamen Jagden im Boniburger Wald tödlich. Auf dem aus Baumberger Sandstein erstellten Bildstock ist Hubertus, der Schutzheilige der Jagd, zu erkennen mit zwei Hunden und einem Hirsch.

Wir folgen nun der Boniburgallee zurück Richtung Dyckburg. Dazu wenden wir uns nach rechts und lassen den Bildstock links hinter uns. Auf der rechten Seite erkennen wir die alten Wassergräben der Burganlage und kurz darauf die Brücke, über die wir bereits zu Beginn unserer Tour spaziert sind. Sie führt uns zurück zur Dyckburg. Entlang der **Dyckburgstraße** erreichen wir die Bushaltestelle Heidehof, den Ausgangspunkt unseres Spaziergangs.

Lichtnelken

12

Start/Ziel: Bushaltestelle Am Berler Kamp
Länge: ca. 6,5 Kilometer
Dauer: ca. 3 Stunden
ÖPNV: Haltestelle Am Berler Kamp
Parken: Parkplatz am Hallenbad, Brandhoveweg 104, 48167 Münster

UNTERWEGS ENTDECKT

1. Ehemalige Mühle
2. Piepenbach
3. Barocker Grenzstein
4. Wolbecker Tiergarten
5. Pfarrkirche St. Nikolaus
6. Drostenhof

ESSEN + TRINKEN

Eiscafé Misurina, Hiltruper Straße 2, 48167 Münster, Tel. (0 25 06) 15 22 (familiengeführtes Eiscafé direkt am Marktplatz)
Gasthaus Kiepe, Hofstraße 21, 48167 Münster, Tel. (0 25 06) 73 78, kiepe-wolbeck.de (Spezialitäten aus dem Münsterland und Westfalen; mit Biergarten, mitten in Wolbeck)

IM TIERGARTEN

Altes Waldreich am Stadtrand

Einer der schönsten Wälder im Stadtgebiet Münster ist der Tiergarten in Wolbeck. Die alten Eichen- und Buchenwälder und das Flüsschen Angel, das mitten hindurchfließt, sind deshalb ein beliebtes Ausflugsziel. Eine weitere Besonderheit steht mitten im Ort, der Drostenhof, einer der ältesten erhaltenen Burgmannshöfe im Münsterland. Die Wolbecker sind aber nicht nur stolz auf ihren Tiergarten und den Drostenhof, sondern als begeisterte Karnevalisten auch auf ihr Karnevalsmuseum und den Umzug am sogenannten Ziegenbocksmontag. Also auf nach Wolbeck.

Die Stadtbuslinie 8 bringt uns über Land in den etwa 10 Kilometer vom Zentrum entfernten Stadtteil Wolbeck. Von der Bushaltestelle aus gehen wir zunächst wieder rund 30 Meter stadtauswärts und biegen dann rechts ab in das Wohngebiet Am Berler Kamp. Wir folgen dieser Straße entlang einer Reihenhausbebauung und zweigen an der ersten Möglichkeit zuerst links, dann rechts ab. Vom Straßennamen **Am Berler Kamp** lassen wir uns nicht irritieren, denn alle Straßen in diesem Wohngebiet heißen gleich. Nur wenige Wohnhäuser weiter gelangen wir an den Ortsrand. Rechts befindet sich ein kleiner Spielplatz. Unser Weg führt uns über eine auffallend rot gehaltene Brücke in einem weiten Schwung über die **Angel.** Dieser Bach wird uns auf unserem Spaziergang noch einige Male begegnen. An dieser Stelle ist er tief eingeschnitten und hat den größten Teil seines Verlaufs von der Quelle bei Neubeckum nach Wolbeck bereits hinter sich. Er mündet im benachbarten Stadtteil Angelmodde in die Werse.

Weiter geht es direkt am Ufer entlang, bis wir auf einen Eingang zum Wolbecker Friedhof treffen. Wir durchqueren das Friedhofsgelände geradeaus und gelangen auf der gegenüberliegenden Seite erneut zu einer Angelbrücke. Diese Brücke überqueren wir jedoch nicht, sondern bleiben auf dem Fußweg links, der uns wieder an den Siedlungsrand von

Ehemalige Mühle Wolbeck

Wolbeck führt. Rechts schließen sich Pferdeweiden an und im Hintergrund zwischen den Bäumen hindurch erkennen wir ältere Gebäude, die teilweise zur ❶ **Wolbecker Mühle** gehörten. Auf einer Hinweistafel können wir lesen, dass im 17. Jahrhundert hier an dieser Stelle eine Wassermühle erbaut wurde, die man noch bis 1914 mit der Wasserkraft der Angel betrieb. Bis heute ist der Mühlenhof in Familienbesitz, das Familienunternehmen hat sich inzwischen jedoch auf Eier und Geflügel spezialisiert.

Wir halten uns rechts und gelangen zur **Münsterstraße.** Auf der gegenüberliegenden Straßenseite führt uns ein breiter Fußweg wieder nah an der Angel entlang. Vereinzelte exotische Bäume säumen diesen Weg. Links fällt eine alte Villa mit einem Türmchen auf. Eine weitere Hinweistafel klärt uns auch hier über die Geschichte auf. In diesem Gebäude war bis 1987 die Gärtnerlehranstalt der Landwirtschaftskammer untergebracht. Daraus entwickelte sich das heutige **Bildungszentrum Gartenbau und Landwirtschaft** mit dem Schwerpunkt in der überbetrieblichen Ausbildung für Gartenbau. Es befindet sich immer noch in Wolbeck, jedoch ausgelagert an den Ortsrand. Große Arbeitshallen und mehr als 20.000 Quadratmeter Freilandflächen hatten am alten Standort keinen Platz. Die alte Villa blieb erhalten und ist zusammen mit den benachbarten Neubauten Teil einer Tagespflegeeinrichtung.

Der bequeme Fußweg führt uns geradeaus entlang der Angel wieder zum Ortsrand von Wolbeck. Wir gelangen zu einer weiteren Brücke, dieses Mal jedoch nicht über die Angel, sondern über den 2 **Piepenbach.** Er mündet wenige Meter weiter in die Angel. Wie an vielen Stellen im Stadtgebiet wurden auch hier Renaturierungsmaßnahmen umgesetzt. Aus dem gerade verlaufenden Graben ist ein abwechslungsreicher Bachlauf entstanden mit breiten

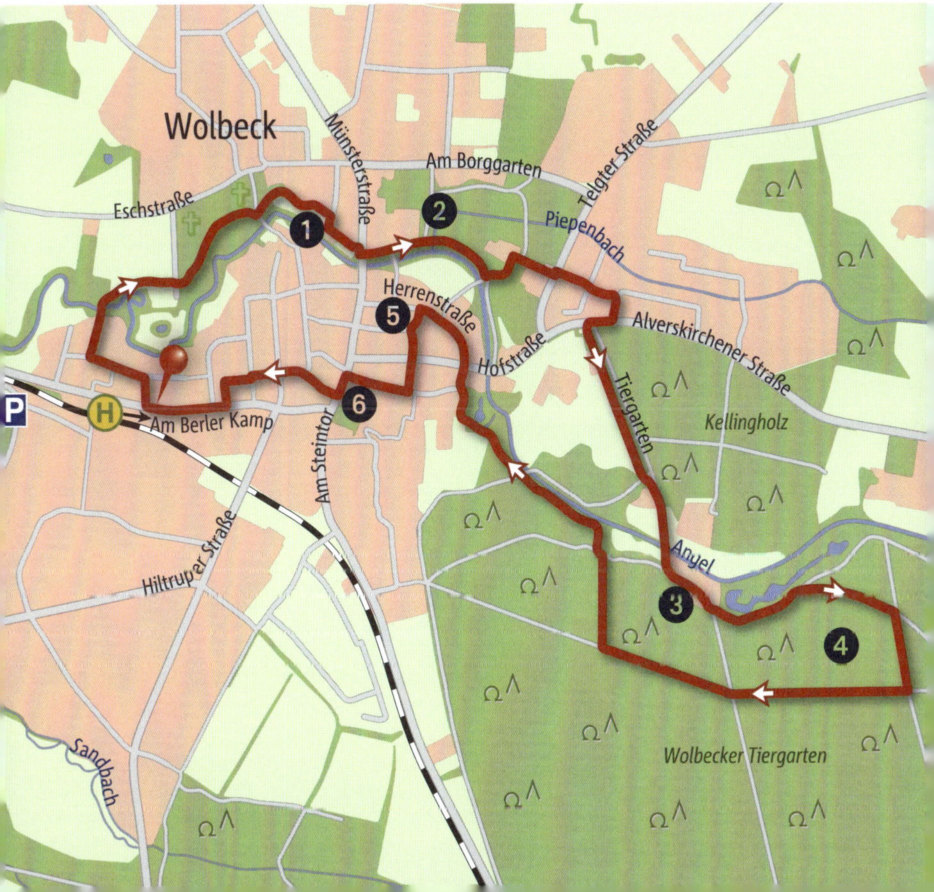

Renaturierter Piepenbach

Uferbereichen und Uferbewuchs. Vielleicht entdecken wir von der Brücke aus Vögel, Libellen oder auch Fische in dem neu geschaffenen Lebensraum. Der Mündungsbereich des Piepenbaches in die Angel hat auch eine historische Bedeutung. Denn hier liegt der Ursprung Wolbecks. In der damals feuchten Niederung wurde bereits im Mittelalter eine Turmburg erbaut und die erste Siedlung auf der anderen Uferseite der Angel. Die alte Motte entwickelte sich später zum Schloss und war fürstbischöfliche Residenz und Verwaltungssitz. Aufgrund schwerer Schäden infolge von Beschuss im Siebenjährigen Krieg musste die Burganlage abgerissen werden. Heute sehen wir leider nichts mehr davon, nur die Schilder weisen uns auf diesen Ort hin.

Bildstock an der Angel

An der nächsten Wegkreuzung biegen wir links ab und gehen an einem Bildstock vorbei bis zu einer **Hofanlage.** Geradeaus geht es zu einer weiteren Brücke über den Piepenbach. Wir wenden uns jedoch nach rechts und überqueren die breite **Telgter Straße,** um in das Wohngebiet Im **Bilskamp** zu spazieren. Auch hier sind mehrere Straßen gleich benannt, deshalb beachten wir folgende Beschreibung: An der ersten Straßenkreuzung in dem Wohngebiet schlendern wir geradeaus und erst an der zweiten Möglichkeit zweigen wir rechts ab in eine Sackgasse. Sie mündet in einen Fußweg, der uns wieder aus dem Wohngebiet herausführt zur **Alverskirchener Straße.** Wenige Schritte weiter rechts sehen wir am Waldrand den Parkplatz für Tiergartenbesucher. Hier biegen wir links ab auf die Straße **Tiergarten.**

Wir können wählen, ob wir den breiten Fahrweg benutzen oder den parallel verlaufenden schmalen Pfad auf der **alten Wallanlage.** Beide Wege führen uns zur Angel. Nach Überqueren des Bachlaufs folgen wir dem asphaltierten Weg nach links. Wenige Schritte weiter entdecken wir auf

Fürstbischöfliches Jagdhaus

der linken Straßenseite das gut erhaltene **fürstbischöfliche Jagdhaus** aus dem Jahr 1712. Es ist in Privatbesitz, wir können also nur von außen schauen. Das schmucke Haus ist aus der Zeit übrig geblieben, als die Fürstbischöfe hier im Tiergarten ihr Jagdrevier eingerichtet hatten. Direkt gegenüber steht ein alter 3 **barocker Grenzstein,** der das damalige Jagdgebiet kennzeichnete. Wir können die Initialen C. A. des Fürstbischofs Clemens August erkennen und bei genauem Hinschauen die Jahreszahl 1740.

Barocker Grenzstein

Der Jagdleidenschaft der Fürstbischöfe und ihren Gästen ist es zu verdanken, dass dieser alte Wald wachsen konnte. Denn die sonst übliche Holznutzung der Wälder war hier nur eingeschränkt erlaubt. Der mit Wallanlagen eingefriedete Wald sollte vorrangig als Lebensraum für Schwarz- und Rotwild dienen und die Jagd ermöglichen. Seit 1946 ist der 4 **Wolbecker Tiergarten** Staatswald des Landes Nordrhein-Westfalen und seit 2003 ist der gesamte Tiergarten als Naturschutzgebiet ausgewiesen. Mit der Auszeichnung als Flora-Fauna-Habitat-Gebiet ist er sogar Teil des länderübergreifenden Netzwerkes NATURA 2000. Grund für diese Auszeichnung sind die alten Buchen- und Eichenwälder, seltene Vogelarten wie zum Beispiel der Eisvogel, verschiedene Spechtarten und der Wespenbussard.

Mit etwas Glück entdeckt man im Tiergarten den Schwarzspecht, die größte europäische Spechtart.

Im Tiergarten gibt es eine **Naturwaldzelle,** die sich seit mehreren Jahrzehnten selbst überlassen ist, die Entwicklung des Waldstückes wird wissenschaftlich begleitet. Dort wollen auch wir uns einen Eindruck verschaffen. Dazu biegen wir nach dem Jagdhaus an der nächsten Möglichkeit links ab auf einen schmalen Pfad.

Naturwaldzelle

Auf der linken Seite können wir von einem kleinen Rastplatz aus das Leben im Feuchtbiotop nahe der Angel beobachten. Rechts liegt die **Naturwaldzelle.** Alt- und Totholz werden nicht entfernt und können so zum Beispiel Spechten, Insekten und Pilzen einen Lebensraum bieten. Letztere wachsen hier nicht nur an alten Bäumen, sondern auch auf dem Waldboden. Bei feuchtem und warmem sogenannten Pilzwetter können wir in den Wäldern des Tiergartens zahlreiche Pilzarten bestaunen, wohlgemerkt nur bestaunen, denn wir befinden uns in einem Naturschutzgebiet. Wir folgen dem schmalen Pfad durch den Wald, halten uns an der ersten Gabelung rechts, bis wir auf einen breiteren Waldweg stoßen. Dort biegen wir scharf rechts ab. An der nächsten Kreuzung wenden wir uns erneut nach rechts auf einen schnurgeraden breiten Weg. Die Naturwaldzelle befindet sich nach wie vor auf der rechten Seite. Auch hier entdecken wir immer wieder alte und morsche Baumstämme, mit Spuren von Spechten und anderen Höhlenbrütern.

An der nächsten großen Wegkreuzung würden wir rechts auf direktem Weg zurück zum fürstbischöflichen Jagdhaus gelangen. Wir gehen jedoch geradeaus über den breiten Forstweg hinweg in den gegenüberliegenden Buchenwald hinein. Der Waldweg schlängelt sich durch dichten Wald bis zu einem einsam stehenden **alten Grenzstein.** Dort biegen wir scharf rechts ab. Auch wenn der Weg an manchen Stellen schwer zu erkennen ist, halten wir uns immer geradeaus. Wir stoßen auf einen weiteren Waldweg, den wir ebenfalls geradeaus überqueren, und gelangen zurück zur Angel.

Dieser Abschnitt der Angel wurde einst begradigt und mit einer dichten Baumreihe zur Uferbefestigung bepflanzt. Die inzwischen alte Buchenreihe gibt heute zusammen mit

Wilde Angel

Pfarrkirche St. Nikolaus

der Holzbrücke ein malerisches Bild ab. Unser Weg führt uns auf diesem schönen Abschnitt links weiter bis zur Brücke. An dieser Stelle verabschieden wir uns vom Tiergarten, lassen die Brücke rechts liegen und folgen dem Fußweg entlang einer dichten Eibenhecke zurück in den Ort. Die ersten Häuser rechts stehen auf dem Grundstück, auf dem einst das Wolbecker Kurhaus stand. 1893 eröffnete hier Sanitätsrat Doktor Wilhelm Lackmann eine sogenannte Wasserheilanstalt. Bis 1958 fand Kurbetrieb statt und auch damals waren Spaziergänge entlang der Angel und in den angrenzenden Wäldern sehr beliebt.

Wir gehen nach rechts auf der **Drostenhofstraße** weiter, überqueren die **Hofstraße** geradeaus und gelangen über die **5 Herrenstraße zur Pfarrkirche St. Nikolaus.** Die frühgotische Hallenkirche wurde um 1300 erbaut. Der romanische Turm erhielt später einen barocken Aufbau, zu erkennen an der geschwungenen Dachhaube. Im Inneren finden sich Spuren des Münsteraner Barockbaumeisters Johann Conrad Schlaun. Er soll für den barocken Hochaltar den Entwurf erstellt haben.

Die Gemeinde St. Nikolaus lädt regelmäßig zu kirchenmusikalischen Konzerten ein.

Direkt neben der Kirche befindet sich in einem ehemaligen Schulgebäude das **Karnevalsmuseum ZiBoMo.** In Wolbeck gibt es einen agilen Karnevalsverein mit dem Namen Ziegenbocksmontag-Gesellschaft Wolbeck e. V., der sich mit diesem Museum einen Traum erfüllt hat. Der Ziegenbock ist das Symbol des Vereins, zu sehen auf dem Vereinswappen am Museumsgebäude. Am Ziegenbocksmontag, immer eine Woche vor Rosenmontag, findet in Wolbecks Ortskern zuerst der Kinderumzug und dann der große Karnevalsumzug statt.

Vom Museum aus gehen wir zurück zur Kirche, um den kleinen Parkplatz herum bis zur Hofstraße. An der Ecke befindet sich das Gasthaus Kiepe. Wir überqueren die Straße geradeaus und kommen zurück zur Drostenhofstraße. Dort biegen wir rechts ab und sehen bereits nach wenigen Schritten den schönen Treppengiebel des wohl bekanntesten Gebäudes von Wolbeck, des **6 Drostenhofs.** Der

12 IM TIERGARTEN

denkmalgeschützte Burgmannshof ist seit 1389 im Besitz der Familie Graf von Merveldt. Sie führte über mehrere Generationen das Amt des Drosten zu Wolbeck, vergleichbar mit dem heutigen Amt des Landrates. Das Renaissancegebäude mit Torhaus, Wirtschaftsflügel und Herrenhaus zählt zu den ältesten und am besten erhaltenen Profanbauten des Münsterlandes. Von der Straße Am Steintor aus können wir das reich verzierte Torhaus bewundern. Noch bis 2012 war in einem Teil der Gebäude das Westpreußische Landesmuseum untergebracht. Heute wird der Drostenhof ausschließlich privat genutzt.

Wir sind fast am Ende unseres Spaziergangs angekommen. Von der Straße Am Steintor biegen wir an der ersten Möglichkeit rechts ab in den Helmut-Pins-Weg. Nun folgen wir den Fußwegen immer geradeaus durch die Wohnsiedlung, zweigen zuletzt an einer T-Kreuzung links ab und gelangen wieder zur Straße Am Berler Kamp und zur Bushaltestelle Berler Kamp.

Drostenhof

2., aktualisierte Auflage 2026

Konzeption/Gestaltung/Satz: Droste Verlag, Düsseldorf
Einbandgestaltung und Illustrationen: Britta Thiele, Marbach am Neckar
Fotos: Jutta Küdde, außer: Christian Lesske: S. 70; Amrei Risse: S. 14 oben; Peter Schlick: S. 106 unten; stock.adobe.com: S. 4 (Sina Ettmer), S. 12 (aundrup), S. 31 (Eduard Shelesnjak), S. 34, S. 90 (tauav), S. 53 (pixs:sell), S. 56 (sehbaer_nrw), S. 65 (Henrik Dolle), S. 127 (lotharnahler), S. 138 (André Franke); Wikimedia Commons, creativecommons.org/licenses/by-sa/3.0: S. 96 oben (Reisesand, commons.wikimedia.org/wiki/File:Landesarchiv_Nordrhein- Westfalen,_Abteilung_Westfalen.jpg); Wikimedia Commons, creativecommons.org/licenses/by-sa/4.0: S. 13 oben (Dietmar Rabich, commons.wikimedia.org/wiki/File:Münster,_Freilichtmuseum_Mühlenhof,_Roßmühle_und_Bockwindmühle_--_2018_--_2155.jpg), S. 28 oben (Rainer Halama, commons.wikimedia.org/wiki/File:Münster-Blick_vom_Stadhaus-WUS09927.jpg), S. 94 (RoxFuchs, commons.wikimedia.org/wiki/File: Hörsterstraße_28_Lotharingerkloster_C_IMG_1114.jpg), S. 151 unten (Corradox, commons.wikimedia.org/wiki/File:Handorf_-_Krippenweg_2.jpg)
Textlektorat: Brigitte Lotz, Essen
Karten: Thorsten David, Bochum
Druck und Bindung: LUC GmbH, Greven
ISBN 978-3-7700-2415-5
droste-verlag.de